# Die vier Fälle

# üben und festigen

## Kopiervorlagen mit Lösungen

Saskia Kistner | Ann Cathrin Mihsler

Verlag an der Ruhr

# Impressum

**Titel**
**Die vier Fälle – Nominativ, Genitiv, Dativ, Akkusativ üben und festigen**
Kopiervorlagen mit Lösungen

**Autorinnen**
Saskia Kistner, Ann Cathrin Mihsler

**Titelbildmotiv**
© piai – Fotolia.com

**Illustrationen**
© Verlag an der Ruhr (soweit nicht anders angegeben)

**Druck**
Heenemann GmbH & Co. KG, Berlin, DE

**Verlag an der Ruhr**
Mülheim an der Ruhr
www.verlagruhr.de

**Geeignet für die Klassen 4–6**


Nachdruck 2024
**ISBN 978-3-8346-2490-1**

PEFC zertifiziert
Dieses Produkt stammt aus nachhaltig bewirtschafteten Wäldern und kontrollierten Quellen.
www.pefc.de
PEFC/04-31-1156

# Inhaltsverzeichnis

# Vorwort

Zum Ende der Grundschulzeit sowie der Sekundarstufe I beschäftigen sich die Kinder immer intensiver mit dem Aufbau der deutschen Sprache.
Um diese sowohl schriftlich als auch mündlich in der richtigen Form zu verwenden, ist es unabdingbar, den Kindern den Gebrauch der vier Fälle näherzubringen. Sie werden deswegen nicht alle und vor allem nicht sofort die richtige Verwendung in ihren aktiven Sprachgebrauch übernehmen, trotzdem sollten sie schon früh dafür sensibilisiert werden. Je eher die Kinder den Aufbau der Sprache kennenlernen und verstehen, umso größer ist die Wahrscheinlichkeit, dass sich die Formulierungen einprägen und sie sie übernehmen.

## Worum geht es in dieser Mappe?

Die Materialien gliedern sich in drei Teile: Arbeitsblätter, Klammerkarten zur Selbstkontrolle und Lösungen.
Die Arbeitsblätter führen die vier Fälle Schritt für Schritt ein. Jeder Fall wird zunächst einmal einzeln betrachtet und bearbeitet. Außerdem ähneln sich die Aufgabenstellungen in den einzelnen Fällen und sind selbsterklärend. So bieten sie die Chance, dass die Kinder nach einer anfänglichen Einführung an einem Fall die Arbeitsblätter auch weitgehend selbstständig bearbeiten können. Dadurch ist es möglich, – gerade bei diesem schwierigen Thema – den unterschiedlichen Lerntempi der Kinder Rechnung zu tragen. Besonders großen Wert haben wir darauf gelegt, dass die Kinder das Fragen nach den einzelnen Fällen vielfältig und intensiv üben.

## Zum Aufbau der Materialien

**Arbeitsblätter:**

Zu den Arbeitsblättern gibt es einen Arbeitsplan, der gerade bei freierem Arbeiten einen schnellen Überblick über den Stand der Kinder ermöglicht.
Als **Einstieg** in die Thematik stehen zwei Arbeitsblätter zur Verfügung, die den Kindern die Notwendigkeit des Wissens um die vier Fälle näherbringen.
Der **Nominativ** wird mit **sechs** Arbeitsblättern eingeführt und geübt. Bei dem Arbeitsblatt „Das Verb verändern" wird die Fragestellung bei Sätzen im Plural erklärt, da sich hier bei der Frage die Verbform verändert.
Beispiel: Max und Lea **essen** Eis.
→ Wer oder was **isst** Eis?
Die Übungen zum **Genitiv** bestehen aus **fünf** Arbeitsblättern. Das Arbeitsblatt „Sätze verbessern" unterscheidet sich hier von den sonstigen Übungen. Hier geht es darum, den Kindern den falschen Gebrauch in der Umgangssprache aufzuzeigen, indem sie den Genitiv richtig verwenden.
Zum Üben des **Dativs** und des **Akkusativs** stehen jeweils **fünf** Arbeitsblätter zur Verfügung, die sich in ihren Arbeitsaufträgen wiederholen. Nach der Erarbeitung der einzelnen Fälle folgen nun **gemischte Übungen** in **neun Arbeitsblättern.** Vier Arbeitsblätter, die zwei Fälle mischen (Nominativ – Akkusativ, Dativ – Akkusativ, Nominativ – Genitiv, Dativ – Genitiv) und fünf Arbeitsblätter, mit denen alle vier Fälle vertiefend geübt werden.

**Klammerkarten:**

Ergänzend zu den Arbeitsblättern beinhaltet das Material einige Klammerkarten zur vertiefenden Übung. Die Klammerkarten müssen kopiert (am besten >120g-Papier, sonst schimmert die Lösung evtl. durch), am Seitenstreifen (Lösung) umgeknickt und laminiert werden. Zusätzlich werden ausreichend Wäscheklammern benötigt, damit die Kinder auch parallel arbeiten können. Folgendermaßen lassen sich die Klammerkarten bearbeiten: Die Kinder entscheiden bei jedem Satz, in welchem Fall der unterstrichene Teil steht, und heften Wäscheklammern an die Antworten an. Wenn alle Sätze bearbeitet sind, drehen die Kinder die Karte um und können nun erkennen, ob sie die Aufgaben richtig gelöst haben, wenn die Klammern sich auf den grauen Punkten befinden.

## Wie kann die Mappe im Unterricht eingesetzt werden?

Das Material ist ab Klasse 4 einsetzbar. Die Arbeitsblätter können gemeinsam im Klassenverband eingesetzt werden. Genauso können die Kinder aber auch in individuellem Tempo selbstständig daran arbeiten. Problemlos können Sie das Material auch in einer Lerntheke verwenden. In unserer Erprobungsphase haben wir im Klassenverbund jeden Fall eingeführt, danach durften die Kinder selbstständig mit den Arbeitsblättern üben. Zu Beginn jeder Deutschstunde haben wir ca. fünf Minuten an der Tafel gemeinsame Übungen durchgeführt, z. B. indem ein Satz an der Tafel notiert war und die Kinder den jeweiligen Fall durch die richtige Frage finden sollten. Eine weitere Möglichkeit ist es, die Kinder Sätze frei bilden zu lassen, in denen ein bestimmter Fall vorkommen muss. Dies bietet sich an, da es sinnvoll ist, dass die Kinder die Sätze sprechen. So kann die Übernahme in den mündlichen Sprachgebrauch angebahnt werden.

# Arbeitsplan

von: ______________________________

| Fall | Arbeitsblatt | erledigt am | kontrolliert |
|---|---|---|---|
| Nominativ | Der 1. Fall | | |
| | Fragen stellen | | |
| | Fragen stellen, Nominativ umkreisen | | |
| | Nomen einsetzen | | |
| | Das Verb verändern | | |
| | Sätze bilden | | |
| Genitiv | Der 2. Fall | | |
| | Fragen stellen | | |
| | Fragen stellen, Genitiv umkreisen | | |
| | Nomen einsetzen | | |
| | Sätze verbessern | | |
| Dativ | Der 3. Fall | | |
| | Fragen stellen | | |
| | Fragen stellen, Dativ umkreisen | | |
| | Nomen einsetzen | | |
| | Sätze bilden | | |
| Akkusativ | Der 4. Fall | | |
| | Fragen stellen | | |
| | Fragen stellen, Akkusativ umkreisen | | |
| | Nomen einsetzen | | |
| | Sätze bilden | | |
| Alle Fälle | Welcher Fall ist es? (1) | | |
| | Welcher Fall ist es? (2) | | |
| | Welcher Fall ist es? (3) | | |
| | Welcher Fall ist es? (4) | | |
| | Nomen einsetzen | | |
| | Den richtigen Fall bestimmen | | |
| | Eine Frage stellen | | |
| | Zwei Fragen stellen | | |
| | Hast du den Überblick? | | |

# Warum eigentlich die vier Fälle? (1/2)

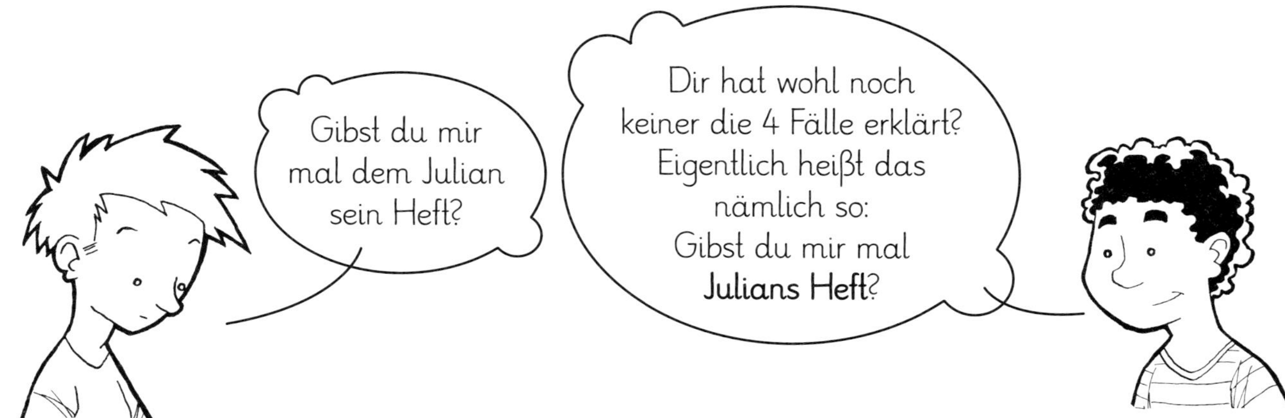


Die Nomen in der deutschen Sprache können in vier verschiedenen Formen stehen, diese nennt man die **vier Fälle** – auf lateinisch: Kasus. Jeder Fall hat einen eigenen Namen:

**1.** Fall: **Nominativ**
**2.** Fall: **Genitiv**
**3.** Fall: **Dativ**
**4.** Fall: **Akkusativ**

Die vier Fälle sind dazu da, die **Funktion von Satzteilen** im Satz anzuzeigen. Sätze, deren Nomen keinen oder den falschen Kasus haben, kann man oft nicht richtig verstehen.
Was verstehst du zum Beispiel in diesem Satz?
*Der Sohn der Bäcker schreibt die Freundin der Brief.*

Nicht viel, oder? Besser – wenn die Nomen in den richtigen Fällen stehen – lautet der Satz so:
*Der Sohn des Bäckers schreibt der Freundin einen Brief.*

Dabei ändern sich nicht nur die Nomen selbst, sondern auch die Artikel vor dem Nomen. Sie sind entscheidend, um zu zeigen, was der Satz bedeutet. In diesem ausgewählten Satz stecken alle vier Fälle drin. Jeder Fall steht für eine andere Funktion.

„*Der Sohn …*“ steht im **1. Fall**, dem **Nominativ**. Er bezeichnet das **Subjekt** eines Satzes. Das kann eine Person sein, die etwas tut, oder ein Gegenstand, der eine Eigenschaft hat.

„*… des Bäckers …*“ steht im **2. Fall**, dem **Genitiv**. Er steht für ein Besitzverhältnis oder eine Zugehörigkeit: Der Sohn gehört zu seinem Vater, dem Bäcker.

Abb.: Magnus Siemens

# Warum eigentlich die vier Fälle? (2/2)

*„... der Freundin ...“* steht im **3. Fall**, dem **Dativ**. Er steht für ein **Objekt** im Satz, auf das eine Handlung gerichtet ist. Die Freundin ist Empfängerin eines Briefes. Die Handlung des Sohns ist auf die Freundin gerichtet.

*„...einen Brief.“* steht im **4. Fall**, dem **Akkusativ**. Er steht für ein eher passives **Objekt** im Satz, mit dem etwas passiert. Das kann eine Person oder ein Gegenstand sein.

Wenn du zum Beispiel einen wichtigen Text (zum Beispiel einen Brief) schreiben musst, kannst du mit dem richtigen Gebrauch der vier Fälle einen guten Eindruck hinterlassen.
Eine von dir geschriebene Geschichte ist leichter zu lesen und zu verstehen. Ebenso ist der richtige Gebrauch der vier Fälle bei einem Gespräch von großem Vorteil, da du zeigen kannst, dass du die deutsche Grammatik beherrschst und richtig anwendest.

Um herauszufinden, in welchem Fall ein Nomen steht, kann man nach dem Nomen fragen:

1. Fall: **Nominativ** – Wer oder was?
   *(„Wer oder was schreibt einen Brief?“ – „Der Sohn.“)*
2. Fall: **Genitiv** – Wessen?
   *(„Wessen Sohn schreibt einen Brief?“ – „Der Sohn des Bäckers.“)*
3. Fall: **Dativ** – Wem?
   *(„Wem schreibt der Sohn einen Brief?“ – „Der Freundin.“)*
4. Fall: **Akkusativ** – Wen oder Was?
   *(„Wen oder was schreibt der Sohn?“ – „Einen Brief.“)*

 **Markiere in unserem Satz die vier Fälle.**
Nominativ: blau – Genitiv: gelb – Dativ: grün – Akkusativ: orange

Der Sohn des Bäckers schreibt der Freundin einen Brief.

 **Warum sind die vier Fälle in der deutschen Sprache wichtig? Schreibe es in dein Heft. Markiere die entsprechenden Stellen in diesem Text.**

Abb.: © Verlag an der Ruhr


© Verlag an der Ruhr | Autorinnen: Kistner/Mihsler | ISBN 978-3-8346-2490-1 | www.verlagruhr.de

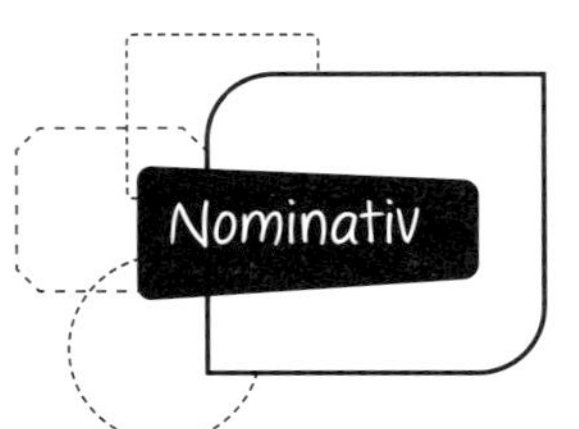


# Der 1. Fall

Du findest das **Nomen im 1. Fall**, indem du fragst: **Wer oder was ...?**

**Achtung:** Oft sind es mehrere Wörter, die zusammen im Nominativ stehen! Zu dem Nomen gehört oft noch ein Artikel (der, die, das, ein, eine) oder ein Adjektiv (Wie-Wort). Der Nominativ muss auch nicht am Anfang des Satzes stehen, sondern kann auch in der Mitte oder am Ende auftauchen.
**Tipp: Suche nach dem Subjekt des Satzes, das etwas tut.**

**Beispiel:** *„Der neue Lehrer sucht sein Buch".*
*Wer oder was sucht sein Buch? → Der neue Lehrer.*
**„Der neue Lehrer" steht im 1. Fall (Nominativ)**

**Stelle die Frage nach den unterstrichenen Nomen im 1. Fall (Nominativ).**

**Beispiel:** Unter dem Busch sitzt ein Hase. → Wer oder was sitzt unter dem Busch?

Das Buch war teuer. → ............

Im Winter schläft der Bär. → ............

Auf der Hose ist ein großer Fleck. → ............

Luis spielt im Garten. → ............

In der Schule ist Till aufmerksam. → ............

Auf dem Dach sitzt ein Rabe. → ............

Jeden Morgen klingelt mein Wecker. → ............

Marie ist sehr nett. → ............

Der Nominativ steht zum Beispiel für eine Person, die etwas tut, oder für einen Gegenstand, der eine Eigenschaft hat.

Aufgaben-Icon(s): © Verlag an der Ruhr; Kinder: Magnus Siemens

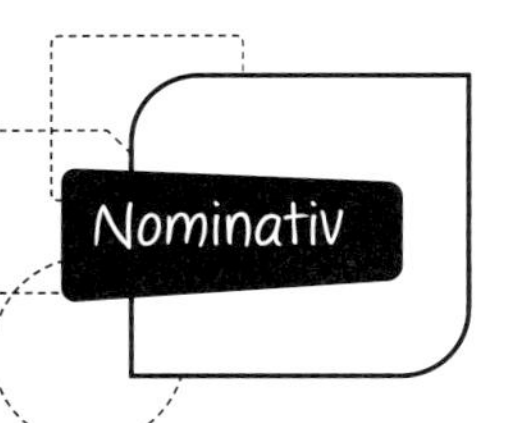


# Fragen stellen

**Stelle die Frage nach den unterstrichenen Nomen im 1. Fall (Nominativ).**

**Beispiele:** Mama kocht das Essen. → Wer oder was kocht das Essen?

Im Park steht eine schöne Bank. → Wer oder was steht im Park?

Der Pullover ist zu klein.

→ ..........

Hell scheint die Sonne vom Himmel.

→ ..........

Tilman spielt draußen Fußball.

→ ..........

Im Auto hört Tanja Musik.

→ ..........

Miriam möchte ins Kino gehen.

→ ..........

An der Wand hängt ein Blumenbild.

→ ..........

Die jammernde Katze sitzt vor der Tür.

→ ..........

Am Abend liest Franz ein Buch.

→ ..........

Julia mag keinen Spinat.

→ ..........





© Verlag an der Ruhr | Autorinnen: Kistner/Mihsler | ISBN 978-3-8346-2490-1 | www.verlagruhr.de

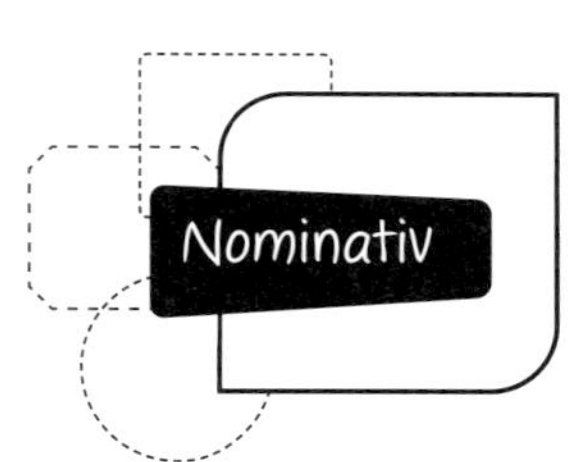


# Fragen stellen, Nominativ umkreisen

**Stelle die Frage nach dem Nomen im 1. Fall (Nominativ) und kreise es blau ein.**

**Beispiel:** (Fritz) angelt am Fluss. → Wer oder was angelt am Fluss?

Im Frühling blüht die Tulpe.

→ ..........

Jeden Tag frisst der Igel Würmer.

→ ..........

Am Bahnhof kommt ein Zug an.

→ ..........

Karl will später Arzt werden.

→ ..........

Peter spielt gerne Fußball.

→ ..........

Im Kühlschrank steht die Limonade.

→ ..........

Pizza isst Maria meistens gerne.

→ ..........

Das Mädchen kauft frische Blumen.

→ ..........

Äpfel sind sehr gesund.

→ ..........



© Verlag an der Ruhr | Autorinnen: Kistner/Mihsler | ISBN 978-3-8346-2490-1 | www.verlagruhr.de

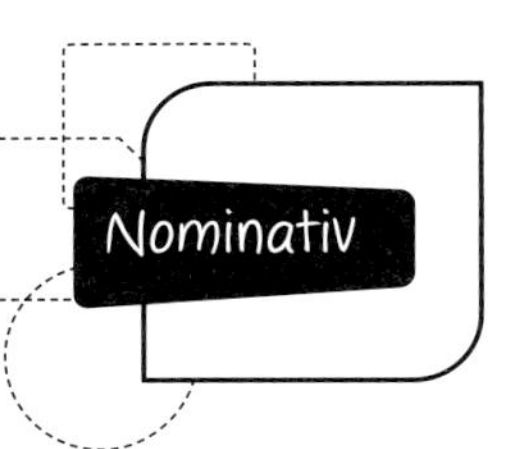


# Nomen einsetzen

**Setze die Wörter aus dem Kasten in die Lücken ein.
Sie stehen alle im Nominativ.**

Die Kinder ........ planen ihren Ausflug in den Zoo.

Am Montagmorgen trifft sich ..........

am Bahnhof. Zuerst fahren .......... mit dem Zug nach München.

Dort kauft .......... die Eintrittskarten.

.......... macht eine Führung.

Im Affenhaus dürfen .......... beim Füttern helfen.

.......... freuen sich besonders auf die Affenbabys.

.......... zeigen, wie man Elefanten wäscht.

Auf dem Spielplatz gibt es ........... Dort dürfen

.......... Pause machen. .......... bereiten

ein Picknick vor. Auf den Decken liegen ...........

.......... stehen im Schatten. Am Nachmittag ist

........... Am Bahnhof holen ..........

ihre Kinder wieder ab.

die Getränke • ein Kletterhaus
der Zoodirektor • die Kinder • ~~die Kinder~~
die Schulklasse • die Lehrerin • die Kinder
die Mädchen • alle • die Eltern • die Rückfahrt
einige Mütter • belegte Brote • die Tierpfleger

Aufgaben-Icon(s): © Verlag an der Ruhr; Giraffen: Mik Schulz; Bleistift: Magnus Siemens

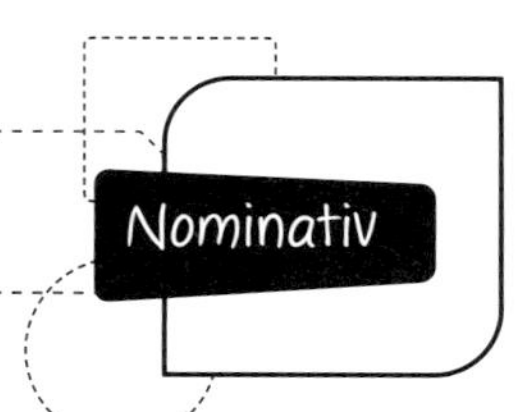


# Das Verb verändern

Du findest das **Nomen im 1. Fall**, indem du fragst: **Wer oder was ...?**
**Achtung: Manchmal musst du bei der Frage das Verb verändern.**

**Beispiel:** Max und Lea **essen** Eis.
*Wer oder was **isst** Eis? → Max und Lea.*

**„Max und Lea" steht im 1. Fall (Nominativ)**

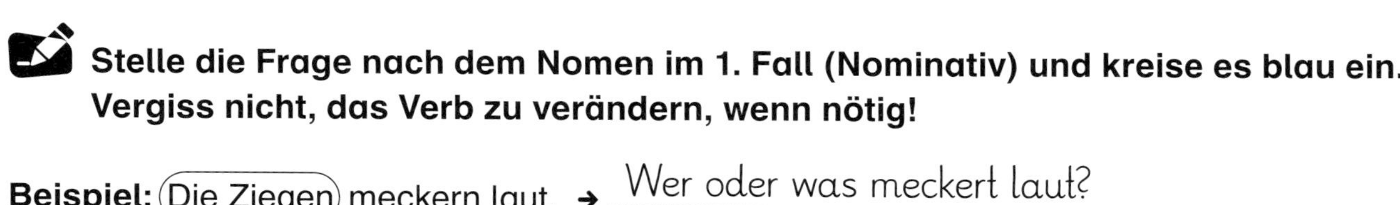

**Stelle die Frage nach dem Nomen im 1. Fall (Nominativ) und kreise es blau ein. Vergiss nicht, das Verb zu verändern, wenn nötig!**

**Beispiel:** Die Ziegen meckern laut. → Wer oder was meckert laut?

Pommes essen die meisten Kinder gerne.

→ ........................................

Die Mädchen spielen Verstecken.

→ ........................................

Wir haben Ferien.

→ ........................................

Auf dem Tisch stehen dreckige Teller.

→ ........................................

Auf der Straße parken viele Autos.

→ ........................................

Die Pinguine springen ins Wasser.

→ ........................................





© Verlag an der Ruhr | Autorinnen: Kistner/Mihsler | ISBN 978-3-8346-2490-1 | www.verlagruhr.de

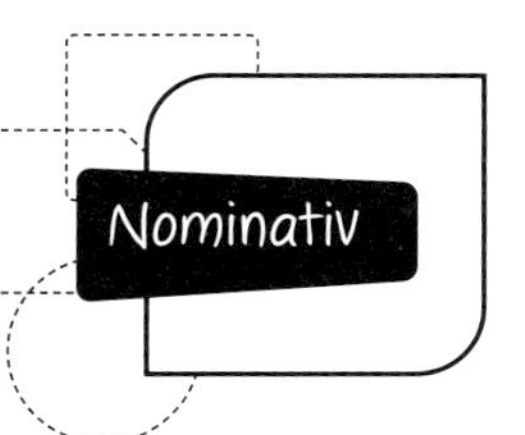


# Sätze bilden

**Bilde aus den Wörtern sinnvolle Aussagesätze.
Stelle die Frage nach den Nomen im 1. Fall (Nominativ) und kreise sie in deinen Aussagesätzen blau ein.**

**Beispiel:** ◗ steht – auf dem Berg – ein Schloss

Satz: Auf dem Berg steht ein Schloss.

Frage: Wer oder was steht auf dem Berg?

◗ zum Park – verschlossen – die Tür – ist

Satz: ……………………………………………

Frage: ……………………………………………

◗ viele Bäume – im Schlosspark – stehen

Satz: ……………………………………………

Frage: ……………………………………………

◗ blühen – in den Blumenbeeten – Rosen

Satz: ……………………………………………

Frage: ……………………………………………

◗ ein Vogel – am Brunnen – sitzt – morgens

Satz: ……………………………………………

Frage: ……………………………………………

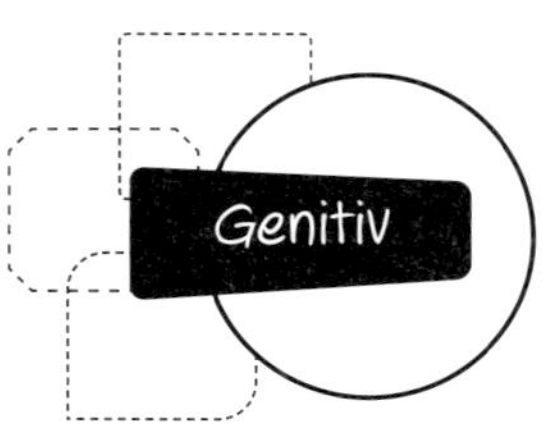


# Der 2. Fall

Du findest das **Nomen im 2. Fall**, indem du fragst: **Wessen?**

**!** **Achtung:** Oft sind es mehrere Wörter, die zusammen im Genitiv stehen!
Zu dem Nomen gehört oft noch ein Artikel (des, der) oder ein Adjektiv (Wie-Wort).
Der Genitiv kann überall im Satz stehen, am Anfang, in der Mitte oder am Ende.
**Tipp: Suche nach der Person oder einem Gegenstand, zu dem etwas gehört!**

**Beispiel:** „Die Farben des Bildes sind schön".
*Wessen Farben sind schön? → Die Farben des Bildes.*
**„des Bildes" steht im 2. Fall (Genitiv)**

**Stelle die Frage nach den unterstrichenen Nomen im 2. Fall (Genitiv).**

**Beispiel:** Die Bremse des Autos hat versagt. → Wessen Bremse hat versagt?

Holgers Freund ist heute krank. → ..........

Der Hut des Mannes flog weg. → ..........

Die Leine des Hundes ist rot. → ..........

Toms Mathebuch ist durchnässt. → ..........

Annas Eis schmeckt lecker. → ..........

Der Stall des Hasen ist neu. → ..........

Der Mantel der Frau hat ein Loch. → ..........

Der Genitiv steht für eine Person oder einen Gegenstand, zu dem etwas gehört.
Er zeigt ein Besitzverhältnis oder eine Zugehörigkeit an.





© Verlag an der Ruhr | Autorinnen: Kistner/Mihsler | ISBN 978-3-8346-2490-1 | www.verlagruhr.de

# Fragen stellen

**Stelle die Frage nach den unterstrichenen Nomen im 2. Fall (Genitiv).**
Die Frage mit „Wessen …?“ klärt, zu wem oder was etwas gehört.

**Beispiel:** Der Hund des Nachbarn kläfft laut → Wessen Hund kläfft laut?

Julias Pizza ist lecker.

→ ..................................................

Pauls und Katrins Mama backt Kuchen.

→ ..................................................

Heute spielt Marcos Hund auf der Wiese.

→ ..................................................

Die Blüten des Baums sind rosa.

→ ..................................................

Auf dem Tisch liegt Papas Handy.

→ ..................................................

Toni hat Mamas Schlüssel verloren.

→ ..................................................

Neben dem Baum sitzt Laras Katze.

→ ..................................................

Der Kamin des Hauses qualmt.

→ ..................................................

Das Pferd des alten Mannes wiehert laut.

→ ..................................................





© Verlag an der Ruhr | Autorinnen: Kistner/Mihsler | ISBN 978-3-8346-2490-1 | www.verlagruhr.de

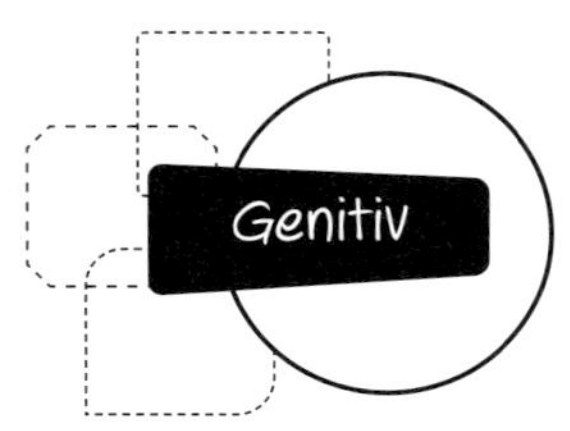


# Fragen stellen, Genitiv umkreisen

**Stelle die Frage nach dem Nomen im 2. Fall (Genitiv) und kreise es gelb ein.**

**Beispiel:** Die Diener (des Königs) gehen rückwärts. → Wessen Diener gehen rückwärts?

Sarah versteckt Martins Schuhe.

→ ..................................................

Der Beruf des Arztes ist nicht leicht.

→ ..................................................

Auf dem Sofa liegt Mamas Brille.

→ ..................................................

Papas Zeitung ist verknittert.

→ ..................................................

Der Ball der Jungen fliegt ins Fenster.

→ ..................................................

Vorhin ist Nicos Füller vom Tisch gefallen.

→ ..................................................

Das Fahrrad des Kindes ist grün.

→ ..................................................

Die Frucht der Eiche heißt Eichel.

→ ..................................................

Lenas Teddy liegt unter dem Bett.

→ ..................................................

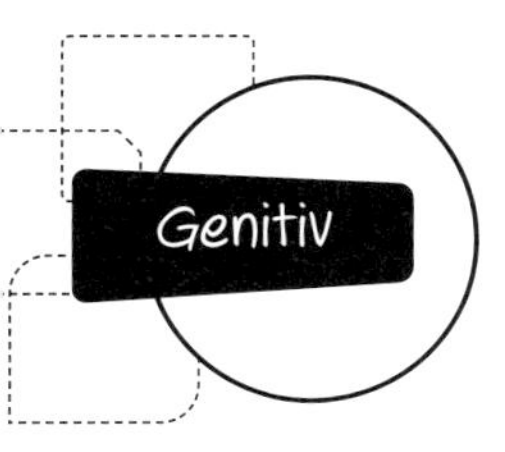


# Nomen einsetzen

**Setze die Wörter aus dem Kasten in die Lücken ein.
Sie stehen alle im Genitiv.**

Der Start des Fußballspiels war um 14:00 Uhr.

Die Farben .................................................... waren rot und blau.

Die Zweikämpfe .................................................... waren von Anfang an sehr spannend. Aber leider gingen viele Flanken .................................................... zum Gegner.

Deshalb fiel lange Zeit kein Tor.

Die Verzweiflung .................................................... in der Halbzeitpause war groß.

Alle mussten harte Ansprachen .................................................... über sich ergehen lassen. Die zweite Halbzeit begann besser. Motiviert flitzten alle Spieler .................................................... über das Feld und kämpften.

Endlich flog der Ball ins Tor. Die Hand .................................................... konnte ihn nicht mehr erreichen. Da ertönte der Pfiff ....................................................
– das Spiel war zu Ende. Der Jubel .................................................... war groß.

der Zuschauer • der Trikots • ~~des Fußballspiels~~ •
der Spieler • der Fußballer • der Mannschaften •
des Torwarts • der Mittelfeldspieler • des Trainers •
des Schiedsrichters

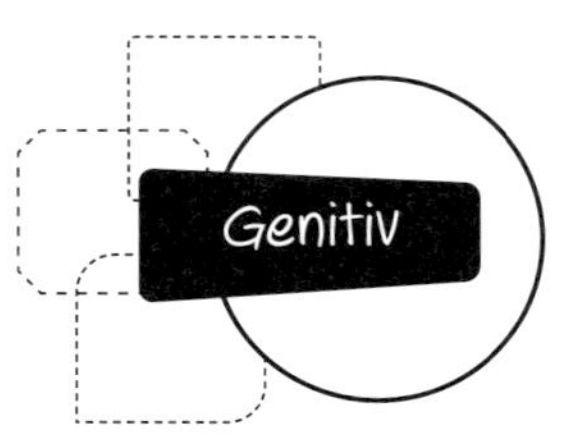


# Sätze verbessern

Hier liest du Sätze in Umgangssprache.

**Verbessere die Sätze, indem du den Genitiv benutzt.**
**Umkreise anschließend den Genitiv gelb.**

**Beispiel:** Dem Jonas sein Heft ist kaputt. → Jonas' Heft ist kaputt.

Dem Julian seine Jacke liegt auf dem Boden. → ……………………

Das Bild von dem Marco ist schön. → ……………………

Das Fahrrad von der Lilly ist blau. → ……………………

Der Mama ihre Geduld geht zu Ende. → ……………………

Im Käfig sitzt der Oma ihr Vogel. → ……………………

Rolf sein Fußball hat ein Loch. → ……………………

Dem Papa sein Auto hat viele Kratzer. → ……………………

Nadine liest der Katrin ihre Zeitung. → ……………………

Anne ihre Hose ist dreckig. → ……………………

Die Katze isst dem Hund seine Wurst. → ……………………

**Übrigens:** Der Autor Bastian Sick hat ein lustiges Buch über die deutsche Sprache geschrieben. Der Titel heißt: „Der Dativ ist dem Genitiv sein Tod!"

**Wie müsste der Titel in korrektem Deutsch eigentlich heißen?**

……………………

**Warum ist der Titel lustig? Kannst du das einem Partner erklären?**



© Verlag an der Ruhr | Autorinnen: Kistner/Mihsler | ISBN 978-3-8346-2490-1 | www.verlagruhr.de

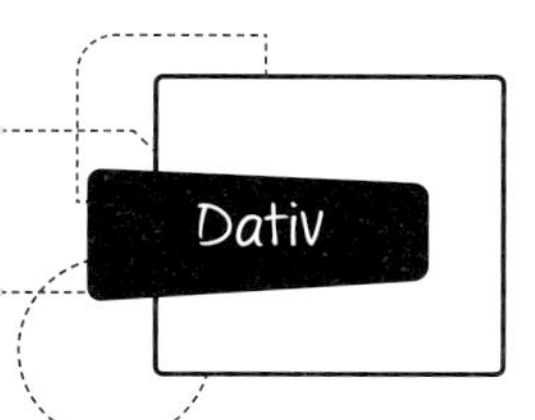


# Der 3. Fall

Du findest das **Nomen im 3. Fall**, indem du fragst: **Wem ...?**

**!** **Achtung:** Manchmal sind es mehrere Wörter, die zusammen im Dativ stehen! Meistens, aber nicht immer, steht der Dativ in der Mitte des Satzes.
**Tipp: Suche nach einer Person, auf die eine Handlung gerichtet ist.**

**Beispiel:** „Die Lehrerin teilt ihren Schülern die Arbeitsblätter aus".
*Wem teilt die Lehrerin die Arbeitsblätter aus?* ➜ *ihren Schülern*
**„ihren Schülern" steht im 3. Fall (Dativ)**

**Stelle die Frage nach den unterstrichenen Nomen im 3. Fall (Dativ).**

**Beispiel:** Die Elster stiehlt dem Eichhörnchen Nüsse. ➜ Wem stiehlt die Elster Nüsse?

Lars nimmt Gerd das Auto weg. ➜ ........................................

Frau Kurz erklärt den Schülern die Rechnung. ➜ ........................................

Benni gibt seiner Katze Futter. ➜ ........................................

Das grüne Handy gehört Peter. ➜ ........................................

Lena gibt ihrer Mama das Zeugnis. ➜ ........................................

Maria schenkt Tim einen Teddy. ➜ ........................................

Oma macht mir ein Butterbrot. ➜ ........................................

Der Affe klaut dem Kind eine Banane. ➜ ........................................

**Übrigens:** Viele Verben fordern eine Dativ-Ergänzung. Dazu gehören Verben, die etwas geben oder mitteilen, z. B. *geben, schenken, bringen, helfen, sagen, antworten, erklären* usw.





© Verlag an der Ruhr | Autorinnen: Kistner/Mihsler | ISBN 978-3-8346-2490-1 | www.verlagruhr.de

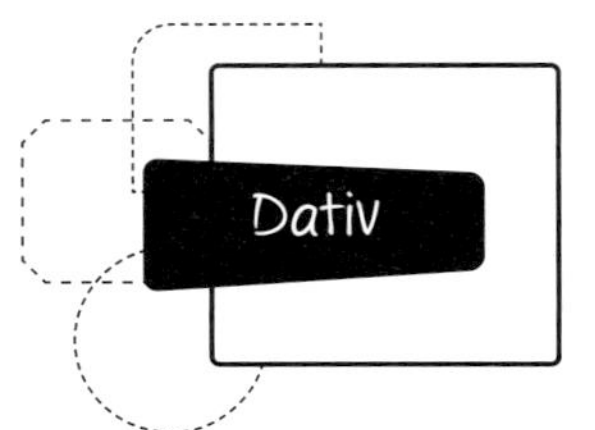


# Fragen stellen

**Stelle die Frage nach den unterstrichenen Nomen im 3. Fall (Dativ).**
Die Frage mit „Wem …?“ klärt, auf wen eine Handlung gerichtet ist.

**Beispiel:** Florian nennt <u>dem Polizisten</u> seinen Namen.

→ Wem nennt Florian seinen Namen?

Der Mann war <u>ihm</u> dankbar.

→ ........................................

Opa baut <u>Ole</u> ein Spielhaus.

→ ........................................

Der Arzt gibt <u>dem Patienten</u> ein Rezept.

→ ........................................

Karl vertraut <u>seinem Freund</u>.

→ ........................................

Jule gibt <u>einem Kind</u> einen Hinweis.

→ ........................................

<u>Familie Urkis</u> gefällt der Strand.

→ ........................................

Das Kind winkt <u>seiner Oma</u> hinterher.

→ ........................................

Karin hilft <u>dem alten Mann</u> über die Straße.

→ ........................................

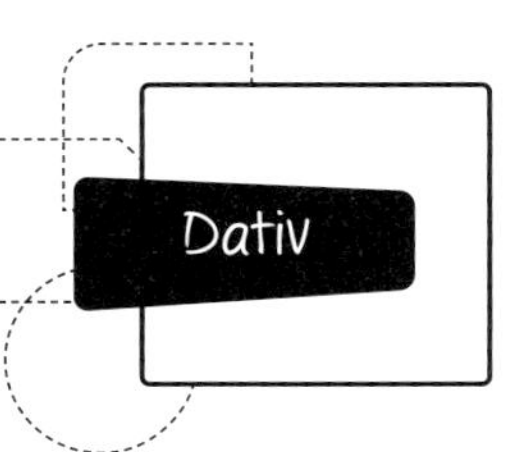


# Fragen stellen, Dativ umkreisen

**Stelle die Frage nach dem Nomen im 3. Fall (Dativ) und kreise es grün ein.**

**Beispiel:** Die Elster sucht (ihrem Küken) Würmer. → Wem sucht die Elster Würmer?

Paula kauft ihrem Hamster ein neues Rad.

→ ..............................

Max malt Oma ein Bild.

→ ..............................

Im Kino kauft Lisa Otto eine Karte.

→ ..............................

Der Verkäufer gibt Mama das Rückgeld.

→ ..............................

Das Auto nimmt dem Fahrradfahrer die Vorfahrt.

→ ..............................

Dem Hausmeister gehört der blaue Eimer.

→ ..............................

Dem Maler fällt der Pinsel herunter.

→ ..............................

Der Film hat Max und Moritz gut gefallen.

→ ..............................

Hannas Hund leckt mir über das Gesicht.

→ ..............................





© Verlag an der Ruhr | Autorinnen: Kistner/Mihsler | ISBN 978-3-8346-2490-1 | www.verlagruhr.de

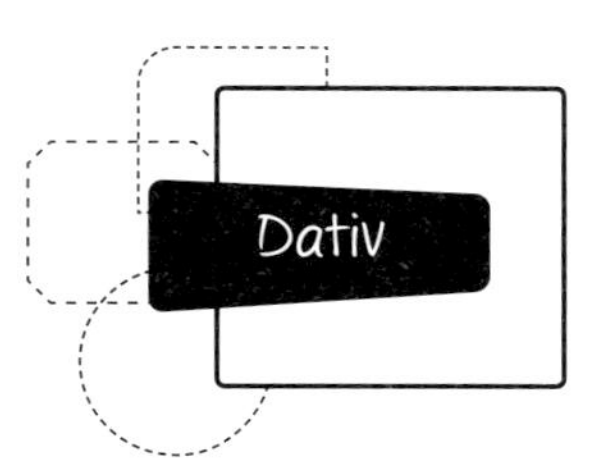


# Nomen einsetzen

**Setze die Wörter aus den Klammern in die Lücken ein. Sie stehen alle im Dativ.**

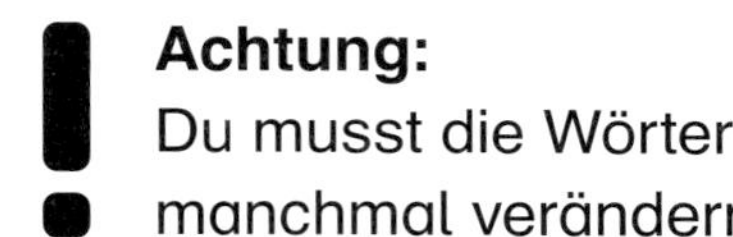

**Achtung:**
Du musst die Wörter manchmal verändern!

Lukas gratuliert seinem Opa ........ zum Geburtstag. → (sein Opa)

Am Telefon erzählt er ........ davon. → (seine Tante)

Fritzi wirft ........ Emil den Handball zu. → (sein Freund)

Luise kauft ........ einen Blumenstrauß. → (ihre Oma)

Karl erzählt ........ einen Witz. → (der Lehrer)

Ruth zeigt ........ das Diktat. → (ihre Schwester)

Olaf gibt ........ einen Stift. → (sein Banknachbar)

Onkel Hans schenkt ........ ein Auto. → (sein Neffe)

........ fehlt ein Stift. → (mein Freund)

Der Bäcker gibt ........ eine Brezel. → (der Lehrling)

Die Kinder helfen ......... → (die alten Leute)

Im Bus wird ........ oft schlecht. → (der Mann)

Die Reise hat ........ gut gefallen. → (sein Vater)

Doris vertraut ......... → (ihre Freundin)

Pia verkauft ........ ein Buch. → (ihre Nachbarin)

Berkay füllt ........ den Fressnapf. → (sein Hund)





© Verlag an der Ruhr | Autorinnen: Kistner/Mihsler | ISBN 978-3-8346-2490-1 | www.verlagruhr.de

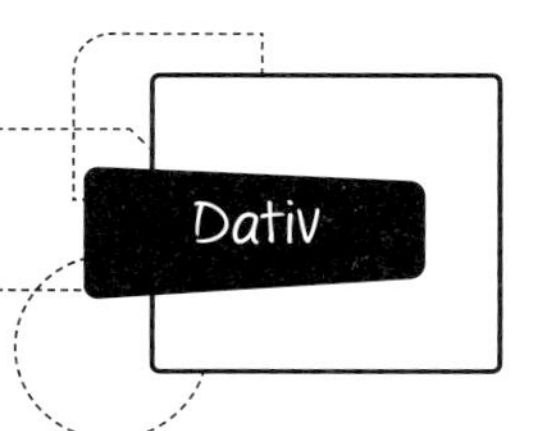


# Sätze bilden

**Bilde aus den Wörtern sinnvolle Aussagesätze.**
**Stelle die Frage nach den Nomen im 3. Fall (Dativ)**
**und kreise sie in deinen Aussagesätzen grün ein.**

**Beispiel:** ◗ schenkt – zum Geburtstag – Oma – ein Buch – Tim

Satz: Oma schenkt (Tim) ein Buch zum Geburtstag.

Frage: Wem schenkt Oma ein Buch?

◗ schmiert – Till – Mama – ein Butterbrot

Satz: ……………………………………………………………

Frage: ……………………………………………………………

◗ dem Mann – zeigt – eine rote Jacke – der Verkäufer

Satz: ……………………………………………………………

Frage: ……………………………………………………………

◗ Oma – einen Salat – gibt – ihrer Freundin

Satz: ……………………………………………………………

Frage: ……………………………………………………………

◗ schreiben – die Kinder – einen langen Brief – der Tante

Satz: ……………………………………………………………

Frage: ……………………………………………………………

◗ dem nächsten Spieler – der Torwart – wirft … zu – den Ball

Satz: ……………………………………………………………

Frage: ……………………………………………………………





© Verlag an der Ruhr | Autorinnen: Kistner/Mihsler | ISBN 978-3-8346-2490-1 | www.verlagruhr.de

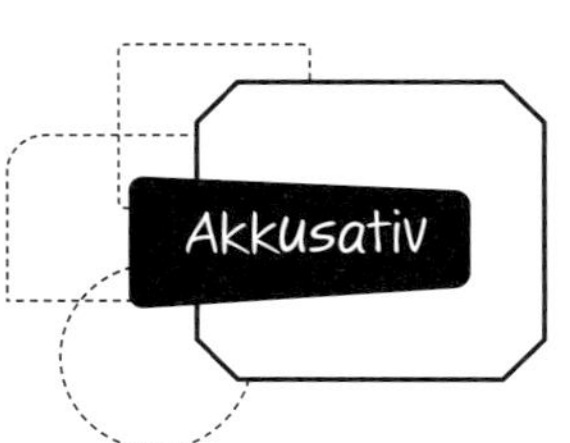


# Der 4. Fall

Du findest das **Nomen im 4. Fall**, indem du fragst: **Wen oder was …?**

! **Achtung:** Manchmal sind es mehrere Wörter, die zusammen im Akkusativ stehen! Meistens, aber nicht immer, steht der Akkusativ am Ende des Satzes. **Tipp: Suche nach einer Person/einem Gegenstand, mit der/dem etwas passiert.** Diese Person/dieser Gegenstand handelt nicht, sie/er ist passiv!

**Beispiel:** „Franz wünscht sich ein Buch".
*Wen oder was wünscht sich Franz? → ein Buch*
**„ein Buch" steht im 4. Fall (Akkusativ)**

**Stelle die Frage nach den unterstrichenen Nomen im 4. Fall (Akkusativ).**

**Beispiel:** Michael wirft den Ball. → Wen oder was wirft Michael?

Ich will das Geschenk. → ……………………

Tommi ärgert seine Schwester. → ……………………

Die Katze kratzt Paul mit der Pfote. → ……………………

Oma traf ihre Freundin. → ……………………

Den Mond sieht man nachts. → ……………………

Doris liebt Schokolade. → ……………………

Marie mag Sportunterricht. → ……………………

Leon wirft den Ball ins Tor. → ……………………

Der Polizist verfolgt den Dieb. → ……………………

Berkay liebt seinen Hund. → ……………………




© Verlag an der Ruhr | Autorinnen: Kistner/Mihsler | ISBN 978-3-8346-2490-1 | www.verlagruhr.de

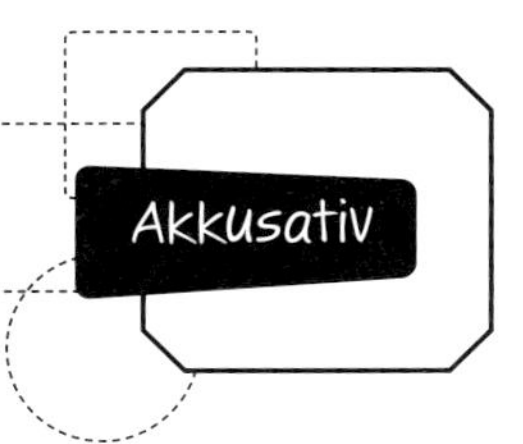


# Fragen stellen

**Stelle die Frage nach dem unterstrichenen Nomen im 4. Fall (Akkusativ).**
Die Frage mit „Wen oder was …?“ klärt, wer oder was ein passives Objekt einer Handlung ist.

**Beispiel:** Florian nennt dem Polizisten seinen Namen.

➔ Wen oder was nennt Florian dem Polizisten?

Der Jäger erspäht den Büffel.

➔ ..........

Opa baut für Olaf ein Spielhaus.

➔ ..........

Neue Pflaster bestellt der Arzt.

➔ ..........

Papa liest abends gerne die Zeitung.

➔ ..........

Zora liest ihrem Bruder eine Geschichte vor.

➔ ..........

Jojo gibt dem Detektiv einen Hinweis.

➔ ..........

Thorsten flankt den Ball auf den Stürmer.

➔ ..........

Der Polizist sieht den Dieb rennen.

➔ ..........





© Verlag an der Ruhr | Autorinnen: Kistner/Mihsler | ISBN 978-3-8346-2490-1 | www.verlagruhr.de

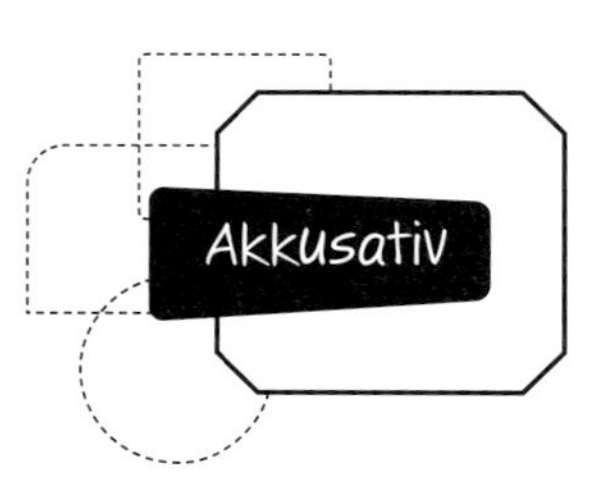


# Fragen stellen, Akkusativ umkreisen

**Stelle die Frage nach dem Nomen im 4. Fall (Akkusativ) und kreise es orange ein.**

**Beispiel:** Sarah sieht (den Vogel.) → Wen oder was sieht Sarah?

Pizza gibt es heute bei Familie Eckert.

→ ........................................

Ralf wünscht sich einen Fußball.

→ ........................................

Daniela bastelt ein Geschenk für Oma.

→ ........................................

Der Polizist hält den Autofahrer an.

→ ........................................

Conny sieht Max im Bus.

→ ........................................

Anna schreibt einen Brief an Boris.

→ ........................................

Rainer will Opa anrufen.

→ ........................................

Seine Hausaufgaben vergisst Frederik meistens.

→ ........................................

Uwe trifft seinen Freund Jakob.

→ ........................................





© Verlag an der Ruhr | Autorinnen: Kistner/Mihsler | ISBN 978-3-8346-2490-1 | www.verlagruhr.de

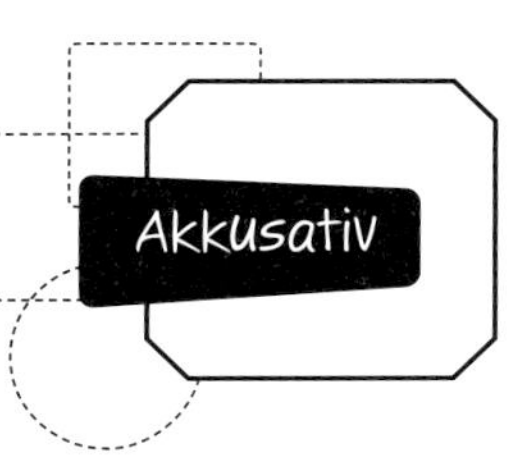


# Nomen einsetzen

**Setze die Wörter aus den Klammern in die Lücken ein. Sie stehen alle im Akkusativ.**

**Achtung:**
Du musst die Wörter manchmal verändern!

Das Mädchen fängt den Basketball. → (der Basketball)

Daniel streichelt ................................. . → (sein Hase)

Beinahe gab es ................................. . → (ein Unfall)

................................. legt der Bäcker der Frau in die Tüte. → (das Brot)

Fabian kauft seiner Oma ................................. . → (ein Blumenstrauß)

Der Lehrer verteilt ................................. . → (der Mathetest)

................................. erzählt der Schüler. → (ein langer Witz)

Hugo verschenkt ................................. . → (sein Radiergummi)

Chris verleiht ................................. an Moritz. → (sein Auto)

Nora zeigt Lisa ................................. . → (die neue Uhr)

................................. sehen wir neben Fritz. → (ein Hund)

Der Filmstar erhält ................................. . → (der Preis)

Die Schüler hören ................................. des Lehrers. → (der Vortrag)

Abends schaltet Frau Sum ................................. ein. → (der Fernseher)

Der Schulleiter bittet ................................. um Hilfe. → (der Hausmeister)

Der Schiedsrichter überprüft ................................. . → (die Tornetze)

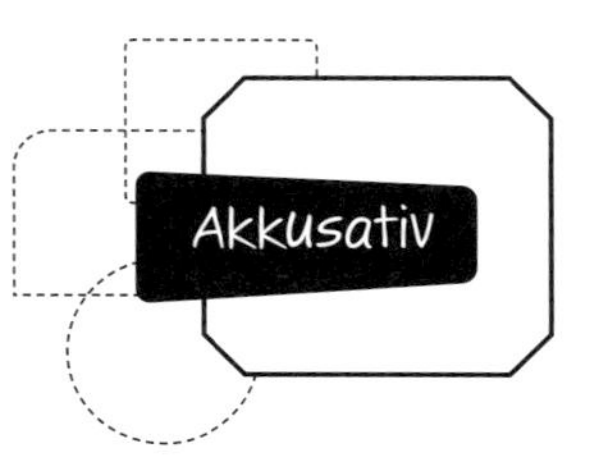


# Sätze bilden

**Bilde aus den Wörtern sinnvolle Aussagesätze.**
**Stelle die Frage nach den Nomen im 4. Fall (Akkusativ) und kreise sie in deinen Aussagesätzen orange ein.**

**Beispiel:** ◗ verkauft – heute – der Herzog – das Schloss

Satz: Heute verkauft der Herzog (das Schloss.)

Frage: Wen oder was verkauft der Herzog heute?

◗ im Radio – ich– höre – einen Bericht

Satz: ..........

Frage: ..........

◗ Frau Kull – einen Kuchen – schenkt – ihrer Freundin

Satz: ..........

Frage: ..........

◗ malen – die Kinder – ein Bild – ihrer Oma

Satz: ..........

Frage: ..........

◗ Katja – den spannenden Film – sehen – will

Satz: ..........

Frage: ..........

# Welcher Fall ist es? (1)

**In welchem Fall steht die unterstrichene Wortgruppe? Kreuze an.**

Die Katze schleckt die Milch aus der Schale.
☐ Nominativ (I)
☐ Akkusativ (O)

Aus Max' Hütte kommt ein komisches Geräusch.
☐ Nominativ (R)
☐ Akkusativ (A)

Im Supermarkt kauft Frau Sommer zwei Packungen Eis.
☐ Nominativ (A)
☐ Akkusativ (M)

Melanie hört die neusten Lieder auf ihrem MP3-Player.
☐ Nominativ (W)
☐ Akkusativ (N)

Der Wind bläst die bunten Blätter von den Bäumen.
☐ Nominativ (K)
☐ Akkusativ (G)

Der verzweifelte Marvin sucht im ganzen Haus seine Armbanduhr.
☐ Nominativ (E)
☐ Akkusativ (S)

Leon und Tina versuchen, den Ball zu fangen.
☐ Nominativ (B)
☐ Akkusativ (N)

Im Schwimmbad futtern die Kinder Wassermelone.
☐ Nominativ (A)
☐ Akkusativ (P)

Mit einem Besen holt Herr Frisch den Federball vom Baum.
☐ Nominativ (Y)
☐ Akkusativ (F)

Viele Fliegen schwirren um Laura.
☐ Nominativ (T)
☐ Akkusativ (U)

Die Buchstaben hinter den richtigen Fällen ergeben – in der richtigen Reihenfolge in die Lücken eingesetzt – ein Lösungswort. *(Tipp: Getränk)*

Lösungswort: ___ ___ ___ ___ ___ ___ ___ S ___ ___ ___





© Verlag an der Ruhr | Autorinnen: Kistner/Mihsler | ISBN 978-3-8346-2490-1 | www.verlagruhr.de

# Welcher Fall ist es? (2)

**In welchem Fall steht die unterstrichene Wortgruppe? Kreuze an.**

Julia nimmt sich einen Stift von Klara.
☐ Dativ (K)
☐ Akkusativ (C)

Marco erklärt seinem Mitschüler die schriftliche Division.
☐ Dativ (H)
☐ Akkusativ (P)

Jan beschimpft den Schiedsrichter.
☐ Dativ (O)
☐ Akkusativ (N)

Im Konzert hört Felix dem Geigenspieler zu.
☐ Dativ (I)
☐ Akkusativ (Y)

Saskia trinkt einen Kakao mit Anke.
☐ Dativ (M)
☐ Akkusativ (T)

Dem Lehrer sind die Kinder heute viel zu laut.
☐ Dativ (Z)
☐ Akkusativ (B)

Warum schreit Stefan Jonas schon wieder an?
☐ Dativ (U)
☐ Akkusativ (E)

Jetzt greift er ihm ins Gesicht.
☐ Dativ (A)
☐ Akkusativ (I)

Die Vögel bauen ihr Nest unter der Dachrinne.
☐ Dativ (V)
☐ Akkusativ (G)

Leon gibt dem Verkäufer das Geld.
☐ Dativ (D)
☐ Akkusativ (R)

Die Buchstaben hinter den richtigen Fällen ergeben – in der richtigen Reihenfolge in die Lücken eingesetzt – ein Lösungswort. *(Tipp: Spiel)*

Lösungswort: S ___ ___ ___ ___ ___ ___ ___ L J ___ ___ ___





© Verlag an der Ruhr | Autorinnen: Kistner/Mihsler | ISBN 978-3-8346-2490-1 | www.verlagruhr.de

# Welcher Fall ist es? (3)

**In welchem Fall steht die unterstrichene Wortgruppe? Kreuze an.**

Der Hausmeister der Schule heißt Herr Fleißig. ☐ Nominativ (F) ☐ Genitiv (W)

Luca hat eine Lampe in Form einer Sonne. ☐ Nominativ (E) ☐ Genitiv (A)

Professor Schlau erfindet eine Putzmaschine. ☐ Nominativ (L) ☐ Genitiv (K)

Lenis Kinderzimmer ist sehr unaufgeräumt. ☐ Nominativ (O) ☐ Genitiv (T)

Die Tiere des Bauernhofs sind heute sehr unruhig. ☐ Nominativ (S) ☐ Genitiv (M)

Heute trinken alle Mamas Limonade. ☐ Nominativ (N) ☐ Genitiv (E)

Der Ferrari des Nachbarn hat einen Totalschaden. ☐ Nominativ (L) ☐ Genitiv (I)

Meine Familie und ich machen ein Picknick. ☐ Nominativ (S) ☐ Genitiv (K)

Der Hund des Bürgermeisters jagt immer Jogger. ☐ Nominativ (U) ☐ Genitiv (T)

Anja balanciert auf einem Baumstamm. ☐ Nominativ (E) ☐ Genitiv (P)

Dummerweise stößt er seinen Schulranzen in den Brunnen. ☐ Nominativ (R) ☐ Genitiv (W)

Die Buchstaben hinter den richtigen Fällen ergeben – in der richtigen Reihenfolge in die Lücken eingesetzt – ein Lösungswort. *(Tipp: Sie sind die Besten.)*

Lösungswort: ___ ___ ___ ___ ___ ___ ___ ___ ___ ___ ___





© Verlag an der Ruhr | Autorinnen: Kistner/Mihsler | ISBN 978-3-8346-2490-1 | www.verlagruhr.de

# Welcher Fall ist es? (4)

**In welchem Fall steht die unterstrichene Wortgruppe? Kreuze an.**

Sina schnappt Hans den Ball weg.
- ☐ Dativ (G)
- ☐ Genitiv (W)

Mia isst Svens Gummibärchen auf.
- ☐ Dativ (T)
- ☐ Genitiv (R)

Toms Lieblingspferd hat eine schwarze, kuschelige Mähne.
- ☐ Dativ (S)
- ☐ Genitiv (A)

Den Gästen gefallen die bunten Luftschlangen.
- ☐ Dativ (M)
- ☐ Genitiv (A)

Mama gibt Papa einen Kuss.
- ☐ Dativ (A)
- ☐ Genitiv (E)

Im Zug gebe ich dem Schaffner mein Ticket.
- ☐ Dativ (T)
- ☐ Genitiv (K)

Die Boxen der Musikanlage scheppern.
- ☐ Dativ (O)
- ☐ Genitiv (I)

Besonders gut gefiel Till im Kino die Filmmusik.
- ☐ Dativ (K)
- ☐ Genitiv (P)

Julians Hund stört die Nachbarn mit seinem Gebell.
- ☐ Dativ (U)
- ☐ Genitiv (P)

Das Licht der Kerze scheint hell.
- ☐ Dativ (S)
- ☐ Genitiv (O)

Die Mannschaft schenkte dem Gegner einen Wimpel.
- ☐ Dativ (F)
- ☐ Genitiv (I)

Die Buchstaben hinter den richtigen Fällen ergeben – in der richtigen Reihenfolge in die Lücken eingesetzt – ein Lösungswort. *(Tipp: Das bist du bald …)*

Lösungswort: ___ ___ ___ ___ M ___ ___ ___ ___ ___ R ___ ___ I

# Nomen einsetzen

**Setze die Wörter aus dem Kasten in die Lücken ein. Kreise sie anschließend in der passenden Farbe ein.**

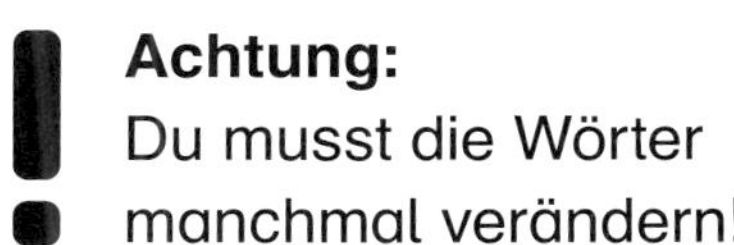

**Achtung:**
Du musst die Wörter manchmal verändern!

**1. Fall** – Nominativ – Wer oder was? blau
**2. Fall** – Genitiv – Wessen? gelb
**3. Fall** – Dativ – Wem? grün
**4. Fall** – Akkusativ – Wen oder was? orange

Ben gibt .................................................. den Ball.

Jule vergisst immer wieder, .................................................. zu machen.

Oma sucht .................................................. .

.................................................. trifft sich jeden Tag mit seinen Freunden.

Der Trainer erklärt .................................................. das Spiel.

.................................................. Socken liegen im Zimmer herum.

Simon kauft sich .................................................. .

.................................................. gehen dienstags zum Schwimmen.

Ich schicke .................................................. eine Einladung.

Die Schuppen .................................................. schillern bunt.

Der Maler streicht .................................................. blau.

einen neuen Fahrradhelm • Tommis • ihren Hausschlüssel • Emil
meinen Freunden • den Balken • seinem Freund Max • Lea und Kim •
den Kindern • des Fisches • ihre Hausaufgaben

# Den richtigen Fall bestimmen

**In welchem Fall stehen die unterstrichenen Nomen?**

**Beispiel:** Der Hund frisst <u>sein Fleisch</u>. Akkusativ

Emma findet <u>Susis</u> Buch nicht mehr. ..........

Im Meer leben <u>viele Fische</u>. ..........

<u>Der Lehrer</u> ist heute krank. ..........

Ich vertraue <u>meinem Freund</u>. ..........

Oma kauft sich <u>ein Brot</u>. ..........

Max und Moritz haben <u>Hunger</u>. ..........

Nils gibt <u>seinem Hasen</u> Löwenzahn. ..........

<u>Das Mittagessen</u> war sehr lecker. ..........

Auf dem Tisch liegt <u>ein Buch</u>. ..........

Bert erklärt <u>Micha</u> die Aufgabe. ..........

Tante Moni ruft jeden Tag <u>Mama</u> an. ..........

<u>Pit</u> geht am Freitag ins Kino. ..........

Der Gärtner gießt <u>die Blumen</u>. ..........

Papa holt <u>einen Nagel</u>. ..........

Der Stift gehört <u>Albert</u>. ..........

Die Tasche <u>des Lehrers</u> ist verschwunden. ..........

<u>Maries</u> beste Freundin zieht ins Ausland. ..........





© Verlag an der Ruhr | Autorinnen: Kistner/Mihsler | ISBN 978-3-8346-2490-1 | www.verlagruhr.de

# Eine Frage stellen

 **Stelle bei jedem unterstrichenen Nomen die Frage nach dem Fall. Schreibe den Fälle auf.** (Kürze ab mit dem 1. Buchstaben.)

**1. Fall** – Nominativ (N) – Wer oder was?
**2. Fall** – Genitiv (G) – Wessen?
**3. Fall** – Dativ (D) – Wem?
**4. Fall** – Akkusativ (A) – Wen oder was?

**Beispiel:** Sarah sieht den Vogel. → Wer oder was sieht den Vogel? – N

Herbert isst eine Suppe. → ..........

Peter ruft seine Oma an. → ..........

Das Zeugnis des Schülers ist gut. → ..........

Manfred baut eine Eisenbahn. → ..........

Toni schuldet Mika Geld. → ..........

Monas T-Shirt ist grün. → ..........

Susanne besucht Franziska. → ..........

Laras Oma ist neugierig. → ..........

Ich gebe Mark einen Euro. → ..........

Das Spiel ist spitze. → ..........

Auf dem Baum sitzen viele Vögel. → ..........

Simon sucht verzweifelt das Telefonbuch. → ..........





© Verlag an der Ruhr | Autorinnen: Kistner/Mihsler | ISBN 978-3-8346-2490-1 | www.verlagruhr.de

# Zwei Fragen stellen

**Stelle bei jedem unterstrichenen Nomen die Frage nach dem Fall.**
**Schreibe die beiden Fälle in jedem Satz auf.** (Kürze ab mit dem 1. Buchstaben.)

**1. Fall** – Nominativ (N) – Wer oder was?
**2. Fall** – Genitiv (G) – Wessen?
**3. Fall** – Dativ (D) – Wem?
**4. Fall** – Akkusativ (A) – Wen oder was?

**Beispiel:** Carlos übt das Lesen. → Wer oder was übt das Lesen? - N
→ Wen oder was übt Carlos? - A

Im Kino sitzt Heidi und isst Popcorn.

.................................................................

.................................................................

Der Tierpfleger gibt dem Affen eine Banane.

.................................................................

.................................................................

Mela muss den Hund heute ausführen.

.................................................................

.................................................................

Clara gibt dem Bruder ein Glas Saft.

.................................................................

.................................................................

In der Küche hilft Ferdinand seiner Mama.

.................................................................

.................................................................





© Verlag an der Ruhr | Autorinnen: Kistner/Mihsler | ISBN 978-3-8346-2490-1 | www.verlagruhr.de

# Hast du den Überblick?

**Fülle in jede Lücke ein passendes Nomen im richtigen Fall ein. Stelle die Frage nach dem Nomen und schreibe die Antwort und den Fall (1. Buchstabe) auf.**

**Beispiel:** → Fritzi lädt ihre Freundin zu einem Eis ein. (Freundin)

Frage: Wen oder was lädt Fritzi zu einem Eis ein?

Antwort/Fall: ihre Freundin – A

→ ........................ verliert den Autoschlüssel. (Mann)

Frage: ........................

Antwort/Fall: ........................

→ Frau Schmitt erklärt ........................ die Rechnung. (Schülern)

Frage: ........................

Antwort/Fall: ........................

→ ........................ gehört das zerknitterte Heft. (Kind)

Frage: ........................

Antwort/Fall: ........................

→ Brigitte und Manfred suchen ......................... (Puppe)

Frage: ........................

Antwort/Fall: ........................

→ Um 9 Uhr rast ........................ auf den Pausenhof. (Klasse)

Frage: ........................

Antwort/Fall: ........................





© Verlag an der Ruhr | Autorinnen: Kistner/Mihsler | ISBN 978-3-8346-2490-1 | www.verlagruhr.de

# Karte 1: Nominativ

| Satz | Nominativ? | Lösung |
|---|---|---|
| In der Küche trinkt Maria ein Glas Milch. | ein Glas Milch | ○ |
| | Maria | ● |
| Auf dem Tisch steht eine Kerze. | auf dem Tisch | ○ |
| | eine Kerze | ● |
| Lea und Klara bestaunen die Schaufenster. | Lea und Klara | ● |
| | die Schaufenster | ○ |
| Von Opa bekommt das kleine Mädchen einen neuen Ball. | von Opa | ○ |
| | das kleine Mädchen | ● |
| Endlich holt Papa die Kirschen vom Baum. | Papa | ● |
| | die Kirschen | ○ |
| Auf dem Balkon essen alle Erdbeerkuchen. | alle | ● |
| | Erdbeerkuchen | ○ |
| Die neuen Lieder gefallen den Kindern sehr gut. | die neuen Lieder | ● |
| | den Kindern | ○ |
| In der Schule sitzen Max und Moritz nebeneinander. | in der Schule | ○ |
| | Max und Moritz | ● |
| Im Regal stehen viele Bücher. | im Regal | ○ |
| | viele Bücher | ● |
| Morgen schreiben wir eine Mathearbeit. | wir | ● |
| | eine Mathearbeit | ○ |
| Im Sportunterricht spielen die meisten Kinder gerne Völkerball. | die meisten Kinder | ● |
| | Völkerball | ○ |
| Hat Carolin das Brot aufgegessen? | Carolin | ● |
| | das Brot | ○ |

Wäscheklammer: Anja Boretzki

## Karte 2: Nominativ

| Satz | Nominativ? | Lösung |
|---|---|---|
| Mein Papa hat die Grippe. | mein Papa | ● |
| | die Grippe | ○ |
| Er hat hohes Fieber. | er | ● |
| | hohes Fieber | ○ |
| Morgen fahren Karsten und Martina in den Urlaub. | in den Urlaub | ○ |
| | Karsten und Martina | ● |
| Sind alle Koffer schon im Auto? | alle Koffer | ● |
| | im Auto | ○ |
| Die Vorfreude der Kinder ist riesengroß. | die Vorfreude | ● |
| | der Kinder | ○ |
| Am Badesee liegt am Abend viel Müll herum. | am Abend | ○ |
| | viel Müll | ● |
| Mama gibt Lisa einen Gutenachtkuss. | einen Gutenachtkuss | ○ |
| | Mama | ● |
| In dem Buch fehlt eine Seite. | in dem Buch | ○ |
| | eine Seite | ● |
| Von draußen höre ich die Vögel zwitschern. | ich | ● |
| | die Vögel | ○ |
| Niklas hat Maxis Osternest gut versteckt. | Niklas | ● |
| | Maxis | ○ |
| Der Ball fliegt vom Pfosten ins Tor. | der Ball | ● |
| | ins Tor | ○ |
| Das Mittagessen hat heute Papa gekocht. | das Mittagessen | ○ |
| | Papa | ● |

Wäscheklammer: Anja Boretzki

## Karte 1: Genitiv

| Satz | Genitiv? | Lösung |
|---|---|---|
| Sebastians schmutzige Turnschuhe liegen in der Ecke. | schmutzige Turnschuhe | ○ |
| | Sebastians | ● |
| Die Blätter des Hefts sind zerknittert. | des Hefts | ● |
| | die Blätter | ○ |
| Brigittes Hamster ist krank. | Brigittes | ● |
| | Hamster | ○ |
| Gestern ging Opas Auto kaputt. | Auto | ○ |
| | Opas | ● |
| Auf dem Tisch steht Kathrins Schultasche. | Schultasche | ○ |
| | Kathrins | ● |
| Der Deckel der Wasserflasche hat ein Loch. | ein Loch | ○ |
| | der Wasserflasche | ● |
| Gabrieles Garten ist voller bunter Blumen. | Garten | ○ |
| | Gabrieles | ● |
| Im Bett liegen Miriams Socken. | Miriams | ● |
| | Socken | ○ |
| Franz' Lieblingsbuch ist „Märchen aus dem Morgenland". | Lieblingsbuch | ○ |
| | Franz' | ● |
| Hinter dem Sofa sitzt Paulines Katze. | Katze | ○ |
| | Paulines | ● |
| Manfreds Computer ist neu. | Manfreds | ● |
| | Computer | ○ |
| Beim Kochen hat Hassans Onkel viel Spaß. | Hassans | ● |
| | Onkel | ○ |

Wäscheklammer: Anja Boretzki

## Karte 2: Genitiv

| Satz | Genitiv? | Lösung |
|---|---|---|
| Tillmanns Haus hat einen großen Garten. | Haus | ○ |
| | Tillmanns | ● |
| Im Keller steht Marcos Fahrrad. | Marcos | ● |
| | Fahrrad | ○ |
| Der Reifen des Rollers ist platt. | der Reifen | ○ |
| | des Rollers | ● |
| Karen mag Danielas Apfelkuchen. | Karen | ○ |
| | Danielas | ● |
| Heidis roter Rock hat blaue Pünktchen. | Heidis | ● |
| | roter Rock | ○ |
| Im Winter funktioniert Horsts Eisenbahn nicht. | Horsts | ● |
| | Eisenbahn | ○ |
| Die Ohren des Feldhasen sind lang. | des Feldhasen | ● |
| | die Ohren | ○ |
| Fabiennes Uhr glitzert in der Sonne. | Uhr | ○ |
| | Fabiennes | ● |
| Die Sprechstunde des Zahnarztes ist zu Ende. | die Sprechstunde | ○ |
| | des Zahnarztes | ● |
| Der Saft der Kirschen schmeckt säuerlich. | der Kirschen | ● |
| | der Saft | ○ |
| Im Teich liegt Bennies grüner Wasserball. | Bennies | ● |
| | grüner Wasserball | ○ |
| Der Polizist bringt Johannes' Mütze zurück. | Johannes' | ● |
| | der Polizist | ○ |

Wäscheklammer: Anja Boretzki

## Karte 1: Dativ

| Satz | Dativ? | Lösung |
|---|---|---|
| Das Handtuch gehört Florian. | das Handtuch | ○ |
| | Florian | ● |
| Der Dackel Timmi bringt Herrn Fischer die Hausschuhe. | Herrn Fischer | ● |
| | die Hausschuhe | ○ |
| Der Hausmeister zeigt seinem Lehrling die Werkstatt. | der Hausmeister | ○ |
| | seinem Lehrling | ● |
| Die Fotos der Zootiere gefallen Oma sehr. | die Fotos der Zootiere | ○ |
| | Oma | ● |
| Die Ameisen bringen ihrer Königin leckere Früchte. | ihrer Königin | ● |
| | leckere Früchte | ○ |
| Heute geben sich die Kinder die Hand. | sich | ● |
| | heute | ○ |
| Oma Gerda strickt ihrem Enkelkind eine Mütze. | Oma Gerda | ○ |
| | ihrem Enkelkind | ● |
| Seinem Kunden repariert der Schuhmacher die abgelaufene Sohle. | seinem Kunden | ● |
| | der Schuhmacher | ○ |
| Hinter dem Baum gibt Leo Konstantin eine Ohrfeige. | Leo | ○ |
| | Konstantin | ● |
| Das Shampoo brennt Saskia in den Augen. | Saskia | ● |
| | in den Augen | ○ |
| Wird Sina Katharina die Hand reichen? | Sina | ○ |
| | Katharina | ● |
| Gibst du mir die Gummibärchen? | mir | ● |
| | die Gummibärchen | ○ |

Wäscheklammer: Anja Boretzki

## Karte 2: Dativ

| Satz | Dativ? | Lösung |
|---|---|---|
| Gabriele macht Tilman ein Frühstück. | Tilman | ● |
| | ein Frühstück | ○ |
| Jim standen die Haare wild vom Kopf. | Jim | ● |
| | die Haare | ○ |
| Die Funktionen eines Feuerlöschers erklärt der Feuerwehrmann den Besuchern. | der Feuerwehrmann | ○ |
| | den Besuchern | ● |
| Der Briefträger wirft der Familie die Post in den Briefkasten. | der Familie | ● |
| | die Post | ○ |
| Hat Emma dem Nachbarn Erdbeeren geklaut? | Emma | ○ |
| | dem Nachbarn | ● |
| Dem Walross schmerzen die Zähne. | dem Walross | ● |
| | die Zähne | ○ |
| Marco spendiert Lydia in der Eisdiele ein Vanilleeis. | Marco | ○ |
| | Lydia | ● |
| Pauls Sportschuhe passen auch Olli. | Pauls Sportschuhe | ○ |
| | Olli | ● |
| In der Schule leiht Lars Uli seinen Radiergummi. | Uli | ● |
| | seinen Radiergummi | ○ |
| Gibst du mir deine Schere? | du | ○ |
| | mir | ● |
| In ihrem Referat erklärt Birgit den Zuhörern alles über Delfine. | Birgit | ○ |
| | den Zuhörern | ● |
| Der Metzger schenkt dem Kind ein Stück Wurst. | dem Kind | ● |
| | ein Stück Wurst | ○ |

Wäscheklammer: Anja Boretzki

## Karte 1: Akkusativ

| Satz | Akkusativ? | Lösung |
|---|---|---|
| Die Kinder besuchen Onkel Henri im Krankenhaus. | Onkel Henri | ● |
| | die Kinder | ○ |
| Jeden Morgen kauft sich Herr Schön eine Zeitung. | Herr Schön | ○ |
| | eine Zeitung | ● |
| Im Zoo füttern die Tierpfleger die Nilpferde. | die Tierpfleger | ○ |
| | die Nilpferde | ● |
| Auf dem Dachboden baut sich die Elster ein Nest. | die Elster | ○ |
| | ein Nest | ● |
| In Florians Schultasche sucht Klara ihr Matheheft. | Klara | ○ |
| | ihr Matheheft | ● |
| Oma trinkt ihren Tee gerne mit Milch. | Oma | ○ |
| | ihren Tee | ● |
| Annika und Tobi suchen ein Bild für ihre Wohnung. | ein Bild | ● |
| | Annika und Tobi | ○ |
| Auf dem Balkon gießt Frau Ilkos ihren Schnittlauch. | ihren Schnittlauch | ● |
| | Frau Ilkos | ○ |
| In den Ferien isst Kurt jeden Tag Schokoladeneis. | Kurt | ○ |
| | Schokoladeneis | ● |
| Die Bienen sammeln in jeder Blüte Nektar. | die Bienen | ○ |
| | Nektar | ● |
| Der Orthopäde untersucht die Schulter. | die Schulter | ● |
| | der Orthopäde | ○ |
| Luigi verkauft allen Gästen seine Lieblingspizza. | allen Gästen | ○ |
| | seine Lieblingspizza | ● |

Wäscheklammer: Anja Boretzki

# Karte 2: Akkusativ

| Satz | Akkusativ? | Lösung |
|---|---|---|
| Feline schaut sich den spannenden Film an. | den spannenden Film | ● |
| | Feline | ○ |
| Herr Pütz führt seinen Dackel Bello Gassi. | seinen Dackel Bello | ● |
| | Herr Pütz | ○ |
| Lilo übt jeden Tag ihre Vokabeln. | ihre Vokabeln | ● |
| | Lilo | ○ |
| Oma und Opa beobachten in ihrem Garten einen Igel. | einen Igel | ● |
| | Oma und Opa | ○ |
| Arslan kocht eine Gemüsesuppe. | Arslan | ○ |
| | eine Gemüsesuppe | ● |
| Werner leiht sich den Radiergummi von Bernd. | Werner | ○ |
| | den Radiergummi | ● |
| Der Falke jagt den flinken Feldhasen über die Wiese. | den flinken Feldhasen | ● |
| | der Falke | ○ |
| Moritz sucht die bunten Ostereier in der Blumenwiese. | Moritz | ○ |
| | die bunten Ostereier | ● |
| Henriette gibt ihrer Freundin Jasmin das Bonbon. | ihrer Freundin Jasmin | ○ |
| | das Bonbon | ● |
| Die Schnecke frisst am liebsten grüne Salatblätter. | grüne Salatblätter | ● |
| | die Schnecke | ○ |
| Im Sonnenschein sieht man die Wasseroberfläche glitzern. | die Wasseroberfläche | ● |
| | im Sonnenschein | ○ |
| Mutter rührt den Erdbeerquark sehr cremig. | den Erdbeerquark | ● |
| | Mutter | ○ |

Wäscheklammer: Anja Boretzki

# Karte 1: Nominativ, Genitiv, Dativ oder Akkusativ?

| Satz | Welcher Fall? | Lösung |
|---|---|---|
| Neben dem Bett liegt ein Radiergummi. | Nominativ | ● |
| | Genitiv | ○ |
| | Dativ | ○ |
| | Akkusativ | ○ |
| Julians Turnschuhe sind nass. | Nominativ | ○ |
| | Genitiv | ● |
| | Dativ | ○ |
| | Akkusativ | ○ |
| Brigitte vertraut ihrer Freundin sehr. | Nominativ | ○ |
| | Genitiv | ○ |
| | Dativ | ● |
| | Akkusativ | ○ |
| Nadine und Anke gehen Tennis spielen. | Nominativ | ● |
| | Genitiv | ○ |
| | Dativ | ○ |
| | Akkusativ | ○ |
| Rita ruft ihren Trainer an. | Nominativ | ○ |
| | Genitiv | ○ |
| | Dativ | ○ |
| | Akkusativ | ● |
| Jutta leiht sich einen Fahrradhelm von Tom. | Nominativ | ○ |
| | Genitiv | ○ |
| | Dativ | ○ |
| | Akkusativ | ● |

Wäscheklammer: Anja Boretzki

## Karte 2: Nominativ, Genitiv, Dativ oder Akkusativ?

| Satz | Welcher Fall? | Lösung |
|---|---|---|
| Sie schreibt eine Einladung zu ihrer Geburtstagsfeier. | Nominativ | ○ |
| | Genitiv | ○ |
| | Dativ | ○ |
| | Akkusativ | ● |
| Clara verwöhnt ihren Hund. | Nominativ | ● |
| | Genitiv | ○ |
| | Dativ | ○ |
| | Akkusativ | ○ |
| Das Auto von Karen hat einen platten Reifen. | Nominativ | ○ |
| | Genitiv | ○ |
| | Dativ | ○ |
| | Akkusativ | ● |
| Die Muschel gefällt meiner Oma. | Nominativ | ○ |
| | Genitiv | ○ |
| | Dativ | ● |
| | Akkusativ | ○ |
| In der Hose ist ein Loch. | Nominativ | ● |
| | Genitiv | ○ |
| | Dativ | ○ |
| | Akkusativ | ○ |
| Michaels Opa ist Schreiner. | Nominativ | ○ |
| | Genitiv | ● |
| | Dativ | ○ |
| | Akkusativ | ○ |

Wäscheklammer: Anja Boretzki

# Karte 3: Nominativ, Genitiv, Dativ oder Akkusativ?

| Satz | Welcher Fall? | Lösung |
|---|---|---|
| Uschi gibt ihrem Bruder den Teller. | Nominativ | ○ |
| | Genitiv | ○ |
| | Dativ | ● |
| | Akkusativ | ○ |
| Onkel Markus spielt gerne Schach. | Nominativ | ● |
| | Genitiv | ○ |
| | Dativ | ○ |
| | Akkusativ | ○ |
| Den gelben Stift finde ich toll. | Nominativ | ○ |
| | Genitiv | ○ |
| | Dativ | ○ |
| | Akkusativ | ● |
| Auf der Bank sitzen Gundis und Nora. | Nominativ | ● |
| | Genitiv | ○ |
| | Dativ | ○ |
| | Akkusativ | ○ |
| Ulf bastelt Papa ein Geschenk. | Nominativ | ○ |
| | Genitiv | ○ |
| | Dativ | ● |
| | Akkusativ | ○ |
| Die Schüler schauen den lustigen Film an. | Nominativ | ○ |
| | Genitiv | ○ |
| | Dativ | ○ |
| | Akkusativ | ● |

Wäscheklammer: Anja Boretzki

# Karte 4: Nominativ, Genitiv, Dativ oder Akkusativ?

| Satz | Welcher Fall? | Lösung |
|---|---|---|
| Stefan und Wolfgang gehen ins Kino. | Nominativ | ● |
| | Genitiv | ○ |
| | Dativ | ○ |
| | Akkusativ | ○ |
| Blumen locken Bienen an. | Nominativ | ○ |
| | Genitiv | ○ |
| | Dativ | ○ |
| | Akkusativ | ● |
| Fred bringt der kranken Freundin einen Blumenstrauß. | Nominativ | ○ |
| | Genitiv | ○ |
| | Dativ | ● |
| | Akkusativ | ○ |
| Peters Suppe war köstlich. | Nominativ | ○ |
| | Genitiv | ● |
| | Dativ | ○ |
| | Akkusativ | ○ |
| Die Kerze brennt schon seit Stunden. | Nominativ | ● |
| | Genitiv | ○ |
| | Dativ | ○ |
| | Akkusativ | ○ |
| Die Hühner verstecken ihre Eier im Stroh. | Nominativ | ○ |
| | Genitiv | ○ |
| | Dativ | ○ |
| | Akkusativ | ● |

Wäscheklammer: Anja Boretzki

## Karte 5: Nominativ, Genitiv, Dativ oder Akkusativ?

| Satz | Welcher Fall? | Lösung |
|---|---|---|
| Auf dem Tisch liegt das dicke Buch. | Nominativ | ● |
| | Genitiv | ○ |
| | Dativ | ○ |
| | Akkusativ | ○ |
| Ich überreiche dem Geburtstagskind mein Geschenk. | Nominativ | ○ |
| | Genitiv | ○ |
| | Dativ | ● |
| | Akkusativ | ○ |
| Julians Sporttasche ist verschwunden. | Nominativ | ○ |
| | Genitiv | ● |
| | Dativ | ○ |
| | Akkusativ | ○ |
| Ob ich heute meine beste Freundin auf dem Sportfest treffen werde? | Nominativ | ○ |
| | Genitiv | ○ |
| | Dativ | ○ |
| | Akkusativ | ● |
| Vanilleeis esse ich am liebsten. | Nominativ | ○ |
| | Genitiv | ○ |
| | Dativ | ○ |
| | Akkusativ | ● |
| Der Hund klaut die Wurst des Metzgers. | Nominativ | ○ |
| | Genitiv | ● |
| | Dativ | ○ |
| | Akkusativ | ○ |

Wäscheklammer: Anja Boretzki

# LÖSUNGEN

# Lösungen

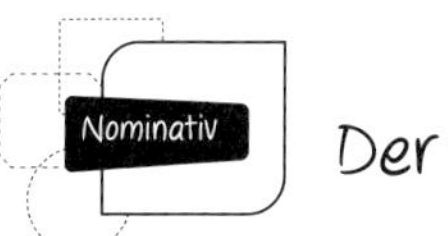

## Der 1. Fall

Du findest das **Nomen im 1. Fall**, indem du fragst: **Wer oder was ...?**

**Achtung:** Oft sind es mehrere Wörter, die zusammen im Nominativ stehen! Zu dem Nomen gehört oft noch ein Artikel (der, die, das, ein, eine) oder ein Adjektiv (Wie-Wort). Der Nominativ muss auch nicht am Anfang des Satzes stehen, sondern kann auch in der Mitte oder am Ende auftauchen.
**Tipp: Suche nach dem Subjekt des Satzes, das etwas tut.**

**Beispiel:** *„Der neue Lehrer sucht sein Buch".*
*Wer oder was sucht sein Buch? → Der neue Lehrer.*
**„Der neue Lehrer" steht im 1. Fall (Nominativ)**

**Stelle die Frage nach den unterstrichenen Nomen im 1. Fall (Nominativ).**

**Beispiel:** Unter dem Busch sitzt ein Hase. → Wer oder was sitzt unter dem Busch?

Das Buch war teuer. → Wer oder was war teuer?

Im Winter schläft der Bär. → Wer oder was schläft im Winter?

Auf der Hose ist ein großer Fleck. → Wer oder was ist auf der Hose?

Luis spielt im Garten. → Wer oder was spielt im Garten?

In der Schule ist Till aufmerksam. → Wer oder was ist in der Schule aufmerksam?

Auf dem Dach sitzt ein Rabe. → Wer oder was sitzt auf dem Dach?

Jeden Morgen klingelt mein Wecker. → Wer oder was klingelt jeden Morgen?

Marie ist sehr nett. → Wer oder was ist sehr nett?

© Verlag an der Ruhr | Autorinnen: Kistner/Mihsler | ISBN 978-3-8346-2490-1 | www.verlagruhr.de

Nominativ

## Fragen stellen

**Stelle die Frage nach den unterstrichenen Nomen im 1. Fall (Nominativ).**

**Beispiele:** Mama kocht das Essen. → Wer oder was kocht das Essen?
Im Park steht eine schöne Bank. → Wer oder was steht im Park?

Der Pullover ist zu klein.
→ Wer oder was ist zu klein?

Hell scheint die Sonne vom Himmel.
→ Wer oder was scheint hell vom Himmel?

Tilman spielt draußen Fußball.
→ Wer oder was spielt draußen Fußball?

Im Auto hört Tanja Musik.
→ Wer oder was hört im Auto Musik?

Miriam möchte ins Kino gehen.
→ Wer oder was möchte ins Kino gehen?

An der Wand hängt ein Blumenbild.
→ Wer oder was hängt an der Wand?

Die jammernde Katze sitzt vor der Tür.
→ Wer oder was sitzt vor der Tür?

Am Abend liest Franz ein Buch.
→ Wer oder was liest am Abend ein Buch?

Julia mag keinen Spinat.
→ Wer oder was mag keinen Spinat?



© Verlag an der Ruhr | Autorinnen: Kistner/Mihsler | ISBN 978-3-8346-2490-1 | www.verlagruhr.de

# Lösungen

## Nominativ – Fragen stellen, Nominativ umkreisen

**Stelle die Frage nach dem Nomen im 1. Fall (Nominativ) und kreise es blau ein.**

**Beispiel:** (Fritz) angelt am Fluss. → Wer oder was angelt am Fluss?

Im Frühling blüht (die Tulpe).
→ Wer oder was blüht im Frühling?

Jeden Tag frisst (der Igel) Würmer.
→ Wer oder was frisst jeden Tag Würmer?

Am Bahnhof kommt (ein Zug) an.
→ Wer oder was kommt am Bahnhof an?

(Karl) will später Arzt werden.
→ Wer oder was will später Arzt werden?

(Peter) spielt gerne Fußball.
→ Wer oder was spielt gerne Fußball?

Im Kühlschrank steht (die Limonade).
→ Wer oder was steht im Kühlschrank?

Pizza isst (Maria) meistens gerne.
→ Wer oder was isst Pizza meistens gerne?

(Das Mädchen) kauft frische Blumen.
→ Wer oder was kauft frische Blumen?

(Äpfel) sind sehr gesund.
→ Wer oder was ist sehr gesund?





© Verlag an der Ruhr | Autorinnen: Kistner/Mihsler | ISBN 978-3-8346-2490-1 | www.verlagruhr.de

## Nominativ – Nomen einsetzen

**Setze die Wörter aus dem Kasten in die Lücken ein. Sie stehen alle im Nominativ.**

Die Kinder planen ihren Ausflug in den Zoo. Am Montagmorgen trifft sich die Schulklasse am Bahnhof. Zuerst fahren die Kinder mit dem Zug nach München. Dort kauft die Lehrerin die Eintrittskarten. Der Zoodirektor macht eine Führung. Im Affenhaus dürfen alle beim Füttern helfen. Die Kinder freuen sich besonders auf die Affenbabys. Die Tierpfleger zeigen, wie man Elefanten wäscht. Auf dem Spielplatz gibt es ein Kletterhaus. Dort dürfen die Kinder Pause machen. Einige Mütter bereiten ein Picknick vor. Auf den Decken liegen belegte Brote. Die Getränke stehen im Schatten. Am Nachmittag ist die Rückfahrt. Am Bahnhof holen die Eltern ihre Kinder wieder ab.

die Getränke • ein Kletterhaus
der Zoodirektor • die Kinder • ~~die Kinder~~
die Schulklasse • die Lehrerin • die Kinder
die Mädchen • alle • die Eltern • die Rückfahrt
einige Mütter • belegte Brote • die Tierpfleger



© Verlag an der Ruhr | Autorinnen: Kistner/Mihsler | ISBN 978-3-8346-2490-1 | www.verlagruhr.de

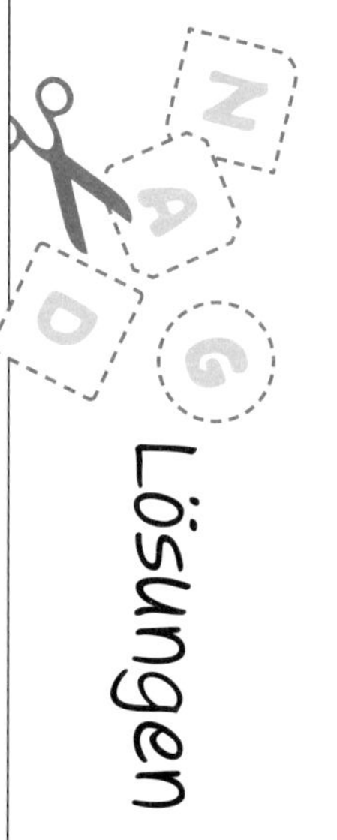

# Lösungen

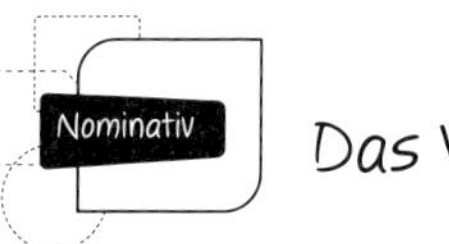

Nominativ

## Das Verb verändern

Du findest das **Nomen im 1. Fall**, indem du fragst: **Wer oder was ...?**
**Achtung: Manchmal musst du bei der Frage das Verb verändern.**

**Beispiel:** Max und Lea **essen** Eis.
*Wer oder was **isst** Eis? → Max und Lea.*

**„Max und Lea" steht im 1. Fall (Nominativ)**

**Stelle die Frage nach dem Nomen im 1. Fall (Nominativ) und kreise es blau ein. Vergiss nicht, das Verb zu verändern, wenn nötig!**

**Beispiel:** (Die Ziegen) meckern laut. → Wer oder was meckert laut?

Pommes essen (die meisten Kinder) gerne.
→ Wer oder was isst gerne Pommes?

(Die Mädchen) spielen Verstecken.
→ Wer oder was spielt Verstecken?

(Wir) haben Ferien.
→ Wer oder was hat Ferien?

Auf dem Tisch stehen (dreckige Teller.)
→ Wer oder was steht auf dem Tisch?

Auf der Straße parken (viele Autos.)
→ Wer oder was parkt auf der Straße?

(Die Pinguine) springen ins Wasser.
→ Wer oder was springt ins Wasser?




© Verlag an der Ruhr | Autorinnen: Kistner/Mihsler | ISBN 978-3-8346-2490-1 | www.verlagruhr.de

Nominativ

## Sätze bilden

**Bilde aus den Wörtern sinnvolle Aussagesätze.
Stelle die Frage nach den Nomen im 1. Fall (Nominativ) und kreise sie in deinen Aussagesätzen blau ein.**

**Beispiel:** steht – auf dem Berg – ein Schloss

Satz: Auf dem Berg steht ein (Schloss.)

Frage: Wer oder was steht auf dem Berg?

- zum Park – verschlossen – die Tür – ist

Satz: (Die Tür) zum Park ist verschlossen.

Frage: Wer oder was ist verschlossen?

- viele Bäume – im Schlosspark – stehen

Satz: (Viele Bäume) stehen im Schlosspark.

Frage: Wer oder was steht im Schlosspark?

- blühen – in den Blumenbeeten – Rosen

Satz: In den Blumenbeeten blühen (Rosen.)

Frage: Wer oder was blüht in den Blumenbeeten?

- ein Vogel – am Brunnen – sitzt – morgens

Satz: (Ein Vogel) sitzt morgens am Brunnen.

Frage: Wer oder was sitzt morgens am Brunnen?



© Verlag an der Ruhr | Autorinnen: Kistner/Mihsler | ISBN 978-3-8346-2490-1 | www.verlagruhr.de

# Lösungen

Genitiv

## Der 2. Fall

Du findest das **Nomen im 2. Fall**, indem du fragst: **Wessen?**

**Achtung:** Oft sind es mehrere Wörter, die zusammen im Genitiv stehen!
Zu dem Nomen gehört oft noch ein Artikel (des, der) oder ein Adjektiv (Wie-Wort).
Der Genitiv kann überall im Satz stehen, am Anfang, in der Mitte oder am Ende.
**Tipp: Suche nach der Person oder einem Gegenstand, zu dem etwas gehört!**

**Beispiel:** „Die Farben des Bildes sind schön".
*Wessen Farben sind schön? → Die Farben des Bildes.*
**„des Bildes" steht im 2. Fall (Genitiv)**

**Stelle die Frage nach den unterstrichenen Nomen im 2. Fall (Genitiv).**

**Beispiel:** Die Bremse des Autos hat versagt. → Wessen Bremse hat versagt?

Holgers Freund ist heute krank. → Wessen Freund ist heute krank?

Der Hut des Mannes flog weg. → Wessen Hut flog weg?

Die Leine des Hundes ist rot. → Wessen Leine ist rot?

Toms Mathebuch ist durchnässt. → Wessen Mathebuch ist durchnässt?

Annas Eis schmeckt lecker. → Wessen Eis schmeckt lecker?

Der Stall des Hasen ist neu. → Wessen Stall ist neu?

Der Mantel der Frau hat ein Loch. → Wessen Mantel hat ein Loch?

Der Genitiv steht für eine Person oder einen Gegenstand, zu dem etwas gehört.
Er zeigt ein Besitzverhältnis oder eine Zugehörigkeit an.





© Verlag an der Ruhr | Autorinnen: Kistner/Mihsler | ISBN 978-3-8346-2490-1 | www.verlagruhr.de

Genitiv

## Fragen stellen

**Stelle die Frage nach den unterstrichenen Nomen im 2. Fall (Genitiv).**
Die Frage mit „Wessen ...?" klärt, zu wem oder was etwas gehört.

**Beispiel:** Der Hund des Nachbarn kläfft laut → Wessen Hund kläfft laut?

Julias Pizza ist lecker.
→ Wessen Pizza ist lecker?

Pauls und Katrins Mama backt Kuchen.
→ Wessen Mama backt Kuchen?

Heute spielt Marcos Hund auf der Wiese.
→ Wessen Hund spielt auf der Wiese?

Die Blüten des Baums sind rosa.
→ Wessen Blüten sind rosa?

Auf dem Tisch liegt Papas Handy.
→ Wessen Handy liegt auf dem Tisch?

Toni hat Mamas Schlüssel verloren.
→ Wessen Schlüssel hat Toni verloren?

Neben dem Baum sitzt Laras Katze.
→ Wessen Katze sitzt neben dem Baum?

Der Kamin des Hauses qualmt.
→ Wessen Kamin qualmt?

Das Pferd des alten Mannes wiehert laut.
→ Wessen Pferd wiehert laut?



© Verlag an der Ruhr | Autorinnen: Kistner/Mihsler | ISBN 978-3-8346-2490-1 | www.verlagruhr.de

# Lösungen

## Genitiv – Fragen stellen, Genitiv umkreisen

**Stelle die Frage nach dem Nomen im 2. Fall (Genitiv) und kreise es gelb ein.**

**Beispiel:** Die Diener (des Königs) gehen rückwärts. → Wessen Diener gehen rückwärts?

Sarah versteckt (Martins) Schuhe.
→ Wessen Schuhe versteckt Sarah?

Der Beruf (des Arztes) ist nicht leicht.
→ Wessen Beruf ist nicht leicht?

Auf dem Sofa liegt (Mamas) Brille.
→ Wessen Brille liegt auf dem Sofa?

(Papas) Zeitung ist verknittert.
→ Wessen Zeitung ist verknittert?

Der Ball (der Jungen) fliegt ins Fenster.
→ Wessen Ball fliegt ins Fenster?

Vorhin ist (Nicos) Füller vom Tisch gefallen.
→ Wessen Füller ist vom Tisch gefallen?

Das Fahrrad (des Kindes) ist grün.
→ Wessen Fahrrad ist grün?

Die Frucht (der Eiche) heißt Eichel.
→ Wessen Frucht heißt Eichel?

(Lenas) Teddy liegt unter dem Bett.
→ Wessen Teddy liegt unter dem Bett?





© Verlag an der Ruhr | Autorinnen: Kistner/Mihsler | ISBN 978-3-8346-2490-1 | www.verlagruhr.de

## Genitiv – Nomen einsetzen

**Setze die Wörter aus dem Kasten in die Lücken ein. Sie stehen alle im Genitiv.**

Der Start des Fußballspiels war um 14:00 Uhr.

Die Farben der Trikots waren rot und blau.

Die Zweikämpfe der Mittelfeldspieler waren von Anfang an sehr spannend. Aber leider gingen viele Flanken der Spieler zum Gegner. Deshalb fiel lange Zeit kein Tor.

Die Verzweiflung der Fußballer in der Halbzeitpause war groß.

Alle mussten harte Ansprachen des Trainers über sich ergehen lassen. Die zweite Halbzeit begann besser. Motiviert flitzten alle Spieler der Mannschaften über das Feld und kämpften.

Endlich flog der Ball ins Tor. Die Hand des Torwarts konnte ihn nicht mehr erreichen. Da ertönte der Pfiff des Schiedsrichters – das Spiel war zu Ende. Der Jubel der Zuschauer war groß.

der Zuschauer • der Trikots • ~~des Fußballspiels~~ • der Spieler • der Fußballer • der Mannschaften • des Torwarts • der Mittelfeldspieler • des Trainers • des Schiedsrichters



© Verlag an der Ruhr | Autorinnen: Kistner/Mihsler | ISBN 978-3-8346-2490-1 | www.verlagruhr.de



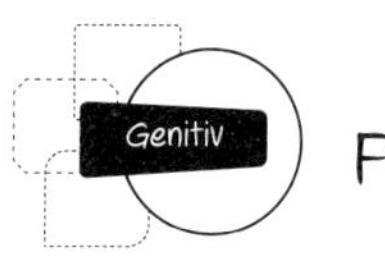

# Lösungen

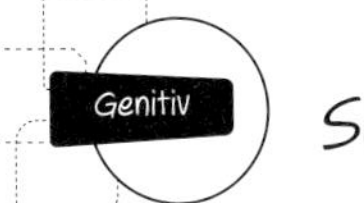

## Sätze verbessern

Genitiv

Hier liest du Sätze in Umgangssprache.

**Verbessere die Sätze, indem du den Genitiv benutzt. Umkreise anschließend den Genitiv gelb.**

**Beispiel:** Dem Jonas sein Heft ist kaputt. → Jonas' Heft ist kaputt.

Dem Julian seine Jacke liegt auf dem Boden. → Julians Jacke liegt auf dem Boden.

Das Bild von dem Marco ist schön. → Marcos Bild ist schön.

Das Fahrrad von der Lilly ist blau. → Lillys Fahrrad ist blau.

Der Mama ihre Geduld geht zu Ende. → Mamas Geduld geht zu Ende.

Im Käfig sitzt der Oma ihr Vogel. → Omas Vogel sitzt im Käfig.

Rolf sein Fußball hat ein Loch. → Rolfs Fußball hat ein Loch.

Dem Papa sein Auto hat viele Kratzer. → Papas Auto hat viele Kratzer.

Nadine liest der Katrin ihre Zeitung. → Nadine liest Katrins Zeitung.

Anne ihre Hose ist dreckig. → Annes Hose ist dreckig.

Die Katze isst dem Hund seine Wurst. → Die Katze isst die Wurst des Hundes.

**Übrigens:** Der Autor Bastian Sick hat ein lustiges Buch über die deutsche Sprache geschrieben. Der Titel heißt: „Der Dativ ist dem Genitiv sein Tod!"

**Wie müsste der Titel in korrektem Deutsch eigentlich heißen?**

Der Dativ ist des Genitivs Tod.

**Warum ist der Titel lustig? Kannst du das einem Partner erklären?**





© Verlag an der Ruhr | Autorinnen: Kistner/Mihsler | ISBN 978-3-8346-2490-1 | www.verlagruhr.de

## Der 3. Fall

Dativ

Du findest das **Nomen im 3. Fall**, indem du fragst: **Wem ...?**

**Achtung:** Manchmal sind es mehrere Wörter, die zusammen im Dativ stehen! Meistens, aber nicht immer, steht der Dativ in der Mitte des Satzes.
**Tipp: Suche nach einer Person, auf die eine Handlung gerichtet ist.**

**Beispiel:** „Die Lehrerin teilt ihren Schülern die Arbeitsblätter aus".
*Wem teilt die Lehrerin die Arbeitsblätter aus? → ihren Schülern*
**„ihren Schülern" steht im 3. Fall (Dativ)**

**Stelle die Frage nach den unterstrichenen Nomen im 3. Fall (Dativ).**

**Beispiel:** Die Elster stiehlt dem Eichhörnchen Nüsse. → Wem stiehlt die Elster Nüsse?

Lars nimmt Gerd das Auto weg. → Wem nimmt Lars das Auto weg?

Frau Kurz erklärt den Schülern die Rechnung. → Wem erklärt Frau Kurz die Rechnung?

Benni gibt seiner Katze Futter. → Wem gibt Benni Futter?

Das grüne Handy gehört Peter. → Wem gehört das grüne Handy?

Lena gibt ihrer Mama das Zeugnis. → Wem gibt Lena das Zeugnis?

Maria schenkt Tim einen Teddy. → Wem schenkt Maria einen Teddy?

Oma macht mir ein Butterbrot. → Wem macht Oma ein Butterbrot?

Der Affe klaut dem Kind eine Banane. → Wem klaut der Affe eine Banane?

**Übrigens:** Viele Verben fordern eine Dativ-Ergänzung. Dazu gehören Verben, die etwas geben oder mitteilen, z. B. *geben, schenken, bringen, helfen, sagen, antworten, erklären* usw.



© Verlag an der Ruhr | Autorinnen: Kistner/Mihsler | ISBN 978-3-8346-2490-1 | www.verlagruhr.de

# Lösungen

## Dativ – Fragen stellen

**Stelle die Frage nach den unterstrichenen Nomen im 3. Fall (Dativ).**
Die Frage mit „Wem …?" klärt, auf wen eine Handlung gerichtet ist.

**Beispiel:** Florian nennt dem Polizisten seinen Namen.
→ Wem nennt Florian seinen Namen?

Der Mann war ihm dankbar.
→ Wem war der Mann dankbar?

Opa baut Ole ein Spielhaus.
→ Wem baut Opa ein Spielhaus?

Der Arzt gibt dem Patienten ein Rezept.
→ Wem gibt der Arzt ein Rezept?

Karl vertraut seinem Freund.
→ Wem vertraut Karl?

Jule gibt einem Kind einen Hinweis.
→ Wem gibt Jule einen Hinweis?

Familie Urkis gefällt der Strand.
→ Wem gefällt der Strand?

Das Kind winkt seiner Oma hinterher.
→ Wem winkt das Kind hinterher?

Karin hilft dem alten Mann über die Straße.
→ Wem hilft Karin über die Straße?




© Verlag an der Ruhr | Autorinnen: Kistner/Mihsler | ISBN 978-3-8346-2490-1 | www.verlagruhr.de

## Dativ – Fragen stellen, Dativ umkreisen

**Stelle die Frage nach dem Nomen im 3. Fall (Dativ) und kreise es grün ein.**

**Beispiel:** Die Elster sucht (ihrem Küken) Würmer. → Wem sucht die Elster Würmer?

Paula kauft (ihrem Hamster) ein neues Rad.
→ Wem kauft Paula ein neues Rad?

Max malt (Oma) ein Bild.
→ Wem malt Max ein Bild?

Im Kino kauft Lisa (Otto) eine Karte.
→ Wem kauft Lisa eine Karte im Kino?

Der Verkäufer gibt (Mama) das Rückgeld.
→ Wem gibt der Verkäufer das Rückgeld?

Das Auto nimmt (dem Fahrradfahrer) die Vorfahrt.
→ Wem nimmt das Auto die Vorfahrt?

(Dem Hausmeister) gehört der blaue Eimer.
→ Wem gehört der blaue Eimer?

(Dem Maler) fällt der Pinsel herunter.
→ Wem fällt der Pinsel herunter?

Der Film hat (Max und Moritz) gut gefallen.
→ Wem hat der Film gut gefallen?

Hannas Hund leckt (mir) über das Gesicht.
→ Wem leckt der Hund über das Gesicht?



© Verlag an der Ruhr | Autorinnen: Kistner/Mihsler | ISBN 978-3-8346-2490-1 | www.verlagruhr.de

# Lösungen

## Dativ – Nomen einsetzen

**Setze die Wörter aus den Klammern in die Lücken ein. Sie stehen alle im Dativ.**

**Achtung:** Du musst die Wörter manchmal verändern!

Lukas gratuliert *seinem Opa* zum Geburtstag. → (sein Opa)

Am Telefon erzählt er *seiner Tante* davon. → (seine Tante)

Fritzi wirft *seinem Freund* Emil den Handball zu. → (sein Freund)

Luise kauft *ihrer Oma* einen Blumenstrauß. → (ihre Oma)

Karl erzählt *dem Lehrer* einen Witz. → (der Lehrer)

Ruth zeigt *ihrer Schwester* das Diktat. → (ihre Schwester)

Olaf gibt *seinem Banknachbarn* einen Stift. → (sein Banknachbar)

Onkel Hans schenkt *seinem Neffen* ein Auto. → (sein Neffe)

*Meinem Freund* fehlt ein Stift. → (mein Freund)

Der Bäcker gibt *dem Lehrling* eine Brezel. → (der Lehrling)

Die Kinder helfen *den alten Leuten*. → (die alten Leute)

Im Bus wird *dem Mann* oft schlecht. → (der Mann)

Die Reise hat *seinem Vater* gut gefallen. → (sein Vater)

Doris vertraut *ihrer Freundin*. → (ihre Freundin)

Pia verkauft *ihrer Nachbarin* ein Buch. → (ihre Nachbarin)

Berkay füllt *seinem Hund* den Fressnapf. → (sein Hund)

Aufgaben-Icon(s): © Verlag an der Ruhr



© Verlag an der Ruhr | Autorinnen: Kistner/Mihsler | ISBN 978-3-8346-2490-1 | www.verlagruhr.de

## Dativ – Sätze bilden

**Bilde aus den Wörtern sinnvolle Aussagesätze. Stelle die Frage nach den Nomen im 3. Fall (Dativ) und kreise sie in deinen Aussagesätzen grün ein.**

**Beispiel:** ◗ schenkt – zum Geburtstag – Oma – ein Buch – Tim

Satz: *Oma schenkt (Tim) ein Buch zum Geburtstag.*

Frage: *Wem schenkt Oma ein Buch?*

◗ schmiert – Till – Mama – ein Butterbrot

Satz: *Mama schmiert (Till) ein Butterbrot.*

Frage: *Wem schmiert Mama ein Butterbrot?*

◗ dem Mann – zeigt – eine rote Jacke – der Verkäufer

Satz: *Der Verkäufer zeigt (dem Mann) eine rote Jacke.*

Frage: *Wem zeigt der Verkäufer eine rote Jacke?*

◗ Oma – einen Salat – gibt – ihrer Freundin

Satz: *Oma gibt (ihrer Freundin) einen Salat.*

Frage: *Wem gibt Oma einen Salat?*

◗ schreiben – die Kinder – einen langen Brief – der Tante

Satz: *Die Kinder schreiben (der Tante) einen langen Brief.*

Frage: *Wem schreiben die Kinder einen langen Brief?*

◗ dem nächsten Spieler – der Torwart – wirft … zu – den Ball

Satz: *Der Torwart wirft (dem nächsten Spieler) den Ball zu.*

Frage: *Wem wirft der Torwart den Ball zu?*

Aufgaben-Icon(s): © Verlag an der Ruhr

© Verlag an der Ruhr | Autorinnen: Kistner/Mihsler | ISBN 978-3-8346-2490-1 | www.verlagruhr.de

# Lösungen

## Akkusativ – Der 4. Fall

Du findest das **Nomen im 4. Fall**, indem du fragst: **Wen oder was …?**

**Achtung:** Manchmal sind es mehrere Wörter, die zusammen im Akkusativ stehen! Meistens, aber nicht immer, steht der Akkusativ am Ende des Satzes.
**Tipp: Suche nach einer Person/einem Gegenstand, mit der/dem etwas passiert.** Diese Person/dieser Gegenstand handelt nicht, sie/er ist passiv!

**Beispiel:** „Franz wünscht sich ein Buch“.
*Wen oder was wünscht sich Franz? → ein Buch*
**„ein Buch“ steht im 4. Fall (Akkusativ)**

**Stelle die Frage nach den unterstrichenen Nomen im 4. Fall (Akkusativ).**

**Beispiel:** Michael wirft den Ball. → Wen oder was wirft Michael?

Ich will das Geschenk. → Wen oder was will ich?

Tommi ärgert seine Schwester. → Wen oder was ärgert Tommi?

Die Katze kratzt Paul mit der Pfote. → Wen oder was kratzt die Katze?

Oma traf ihre Freundin. → Wen oder was traf Oma?

Den Mond sieht man nachts. → Wen oder was sieht man nachts?

Doris liebt Schokolade. → Wen oder was liebt Doris?

Marie mag Sportunterricht. → Wen oder was mag Marie?

Leon wirft den Ball ins Tor. → Wen oder was wirft Leon ins Tor?

Der Polizist verfolgt den Dieb. → Wen oder was verfolgt der Polizist?

Berkay liebt seinen Hund. → Wen oder was liebt Berkay?





© Verlag an der Ruhr | Autorinnen: Kistner/Mihsler | ISBN 978-3-8346-2490-1 | www.verlagruhr.de

## Akkusativ – Fragen stellen

**Stelle die Frage nach dem unterstrichenen Nomen im 4. Fall (Akkusativ).**
Die Frage mit „Wen oder was …?“ klärt, wer oder was ein passives Objekt einer Handlung ist.

**Beispiel:** Florian nennt dem Polizisten seinen Namen.

→ Wen oder was nennt Florian dem Polizisten?

Der Jäger erspäht den Büffel.

→ Wen oder was erspäht der Jäger?

Opa baut für Olaf ein Spielhaus.

→ Wen oder was baut Opa für Olaf?

Neue Pflaster bestellt der Arzt.

→ Wen oder was bestellt der Arzt?

Papa liest abends gerne die Zeitung.

→ Wen oder was liest Papa abends gerne?

Zora liest ihrem Bruder eine Geschichte vor.

→ Wen oder was liest Zora ihrem Bruder vor?

Jojo gibt dem Detektiv einen Hinweis.

→ Wen oder was gibt Jojo dem Detektiv?

Thorsten flankt den Ball auf den Stürmer.

→ Wen oder was flankt Thorsten auf den Stürmer?

Der Polizist sieht den Dieb rennen.

→ Wen oder was sieht der Polizist rennen?



© Verlag an der Ruhr | Autorinnen: Kistner/Mihsler | ISBN 978-3-8346-2490-1 | www.verlagruhr.de

## Fragen stellen, Akkusativ umkreisen

Akkusativ

Stelle die Frage nach dem Nomen im 4. Fall (Akkusativ) und kreise es orange ein.

**Beispiel:** Sarah sieht (den Vogel.) → Wen oder was sieht Sarah?

(Pizza) gibt es heute bei Familie Eckert.
→ Wen oder was gibt es heute bei Familie Eckert?

Ralf wünscht sich (einen Fußball).
→ Wen oder was wünscht sich Ralf?

Daniela bastelt (ein Geschenk) für Oma.
→ Wen oder was bastelt Daniela für Oma?

Der Polizist hält (den Autofahrer) an.
→ Wen oder was hält der Polizist an?

Conny sieht (Max) im Bus.
→ Wen oder was sieht Conny im Bus?

Anna schreibt (einen Brief) an Boris.
→ Wen oder was schreibt Anna an Boris?

Rainer will (Opa) anrufen.
→ Wen oder was will Rainer anrufen?

(Seine Hausaufgaben) vergisst Frederik meistens.
→ Wen oder was vergisst Frederik

Uwe trifft (seinen Freund Jakob).
→ Wen oder was trifft Uwe?


© Verlag an der Ruhr | Autorinnen: Kistner/Mihsler | ISBN 978-3-8346-2490-1 | www.verlagruhr.de

## Nomen einsetzen

Akkusativ

Setze die Wörter aus den Klammern in die Lücken ein. Sie stehen alle im Akkusativ.

**Achtung:**
Du musst die Wörter manchmal verändern!

Das Mädchen fängt den Basketball. → (der Basketball)

Daniel streichelt seinen Hasen. → (sein Hase)

Beinahe gab es einen Unfall. → (ein Unfall)

Das Brot legt der Bäcker der Frau in die Tüte. → (das Brot)

Fabian kauft seiner Oma einen Blumenstrauß. → (ein Blumenstrauß)

Der Lehrer verteilt den Mathetest. → (der Mathetest)

Einen langen Witz erzählt der Schüler. → (ein langer Witz)

Hugo verschenkt seinen Radiergummi. → (sein Radiergummi)

Chris verleiht sein Auto an Moritz. → (sein Auto)

Nora zeigt Lisa die neue Uhr. → (die neue Uhr)

Einen Hund sehen wir neben Fritz. → (ein Hund)

Der Filmstar erhält den Preis. → (der Preis)

Die Schüler hören den Vortrag des Lehrers. → (der Vortrag)

Abends schaltet Frau Sum den Fernseher ein. → (der Fernseher)

Der Schulleiter bittet den Hausmeister um Hilfe. → (der Hausmeister)

Der Schiedsrichter überprüft die Tornetze. → (die Tornetze)


© Verlag an der Ruhr | Autorinnen: Kistner/Mihsler | ISBN 978-3-8346-2490-1 | www.verlagruhr.de

# Lösungen

## Sätze bilden

Akkusativ

**Bilde aus den Wörtern sinnvolle Aussagesätze.**
**Stelle die Frage nach den Nomen im 4. Fall (Akkusativ) und kreise sie in deinen Aussagesätzen orange ein.**

**Beispiel:** ▸ verkauft – heute – der Herzog – das Schloss

Satz: Heute verkauft der Herzog (das Schloss.)

Frage: Wen oder was verkauft der Herzog heute?

▸ im Radio – ich– höre – einen Bericht

Satz: Ich höre (einen Bericht) im Radio.

Frage: Was höre ich im Radio?

▸ Frau Kull – einen Kuchen – schenkt – ihrer Freundin

Satz: Frau Kull schenkt ihrer Freundin (einen Kuchen.)

Frage: Was schenkt Frau Kull ihrer Freundin?

▸ malen – die Kinder – ein Bild – ihrer Oma

Satz: Die Kinder malen ihrer Oma (ein Bild.)

Frage: Was malen die Kinder ihrer Oma?

▸ Katja – den spannenden Film – sehen – will

Satz: Katja will (den spannenden Film) sehen.

Frage: Was will Katja sehen?





© Verlag an der Ruhr | Autorinnen: Kistner/Mihsler | ISBN 978-3-8346-2490-1 | www.verlagruhr.de

## Welcher Fall ist es? (1)

**In welchem Fall steht die unterstrichene Wortgruppe? Kreuze an.**

Die Katze schleckt die Milch aus der Schale. ☐ Nominativ (I) ☒ Akkusativ (O)

Aus Max' Hütte kommt ein komisches Geräusch. ☒ Nominativ (R) ☐ Akkusativ (A)

Im Supermarkt kauft Frau Sommer zwei Packungen Eis. ☒ Nominativ (A) ☐ Akkusativ (M)

Melanie hört die neusten Lieder auf ihrem MP3-Player. ☐ Nominativ (W) ☒ Akkusativ (N)

Der Wind bläst die bunten Blätter von den Bäumen. ☐ Nominativ (K) ☒ Akkusativ (G)

Der verzweifelte Marvin sucht im ganzen Haus seine Armbanduhr. ☒ Nominativ (E) ☐ Akkusativ (S)

Leon und Tina versuchen, den Ball zu fangen. ☐ Nominativ (B) ☒ Akkusativ (N)

Im Schwimmbad futtern die Kinder Wassermelone. ☒ Nominativ (A) ☐ Akkusativ (P)

Mit einem Besen holt Herr Frisch den Federball vom Baum. ☐ Nominativ (Y) ☒ Akkusativ (F)

Viele Fliegen schwirren um Laura. ☒ Nominativ (T) ☐ Akkusativ (U)

Die Buchstaben hinter den richtigen Fällen ergeben – in der richtigen Reihenfolge in die Lücken eingesetzt – ein Lösungswort. *(Tipp: Getränk)*

Lösungswort: O R A N G E N S A F T



© Verlag an der Ruhr | Autorinnen: Kistner/Mihsler | ISBN 978-3-8346-2490-1 | www.verlagruhr.de

# Lösungen

## Welcher Fall ist es? (2)

**In welchem Fall steht die unterstrichene Wortgruppe? Kreuze an.**

| | |
|---|---|
| Julia nimmt sich einen Stift von Klara. | ☐ Dativ (K)<br>☒ Akkusativ (C) |
| Marco erklärt seinem Mitschüler die schriftliche Division. | ☒ Dativ (H)<br>☐ Akkusativ (P) |
| Jan beschimpft den Schiedsrichter. | ☐ Dativ (O)<br>☒ Akkusativ (N) |
| Im Konzert hört Felix dem Geigenspieler zu. | ☒ Dativ (I)<br>☐ Akkusativ (Y) |
| Saskia trinkt einen Kakao mit Anke. | ☐ Dativ (M)<br>☒ Akkusativ (T) |
| Dem Lehrer sind die Kinder heute viel zu laut. | ☒ Dativ (Z)<br>☐ Akkusativ (B) |
| Warum schreit Stefan Jonas schon wieder an? | ☐ Dativ (U)<br>☒ Akkusativ (E) |
| Jetzt greift er ihm ins Gesicht. | ☒ Dativ (A)<br>☐ Akkusativ (I) |
| Die Vögel bauen ihr Nest unter der Dachrinne. | ☐ Dativ (V)<br>☒ Akkusativ (G) |
| Leon gibt dem Verkäufer das Geld. | ☒ Dativ (D)<br>☐ Akkusativ (R) |

Die Buchstaben hinter den richtigen Fällen ergeben – in der richtigen Reihenfolge in die Lücken eingesetzt – ein Lösungswort. *(Tipp: Spiel)*

Lösungswort: S C H N I T Z E L J A G D





© Verlag an der Ruhr | Autorinnen: Kistner/Mihsler | ISBN 978-3-8346-2490-1 | www.verlagruhr.de

## Welcher Fall ist es? (3)

**In welchem Fall steht die unterstrichene Wortgruppe? Kreuze an.**

| | |
|---|---|
| Der Hausmeister der Schule heißt Herr Fleißig. | ☐ Nominativ (F)<br>☒ Genitiv (W) |
| Luca hat eine Lampe in Form einer Sonne. | ☒ Nominativ (E)<br>☐ Genitiv (A) |
| Professor Schlau erfindet eine Putzmaschine. | ☒ Nominativ (L)<br>☐ Genitiv (K) |
| Lenis Kinderzimmer ist sehr unaufgeräumt. | ☐ Nominativ (O)<br>☒ Genitiv (T) |
| Die Tiere des Bauernhofs sind heute sehr unruhig. | ☐ Nominativ (S)<br>☒ Genitiv (M) |
| Heute trinken alle Mamas Limonade. | ☐ Nominativ (N)<br>☒ Genitiv (E) |
| Der Ferrari des Nachbarn hat einen Totalschaden. | ☐ Nominativ (L)<br>☒ Genitiv (I) |
| Meine Familie und ich machen ein Picknick. | ☒ Nominativ (S)<br>☐ Genitiv (K) |
| Der Hund des Bürgermeisters jagt immer Jogger. | ☐ Nominativ (U)<br>☒ Genitiv (T) |
| Anja balanciert auf einem Baumstamm. | ☒ Nominativ (E)<br>☐ Genitiv (P) |
| Dummerweise stößt er seinen Schulranzen in den Brunnen. | ☒ Nominativ (R)<br>☐ Genitiv (W) |

Die Buchstaben hinter den richtigen Fällen ergeben – in der richtigen Reihenfolge in die Lücken eingesetzt – ein Lösungswort. *(Tipp: Sie sind die Besten.)*

Lösungswort: W E L T M E I S T E R



© Verlag an der Ruhr | Autorinnen: Kistner/Mihsler | ISBN 978-3-8346-2490-1 | www.verlagruhr.de

# Lösungen

## Welcher Fall ist es? (4)

**In welchem Fall steht die unterstrichene Wortgruppe? Kreuze an.**

| | |
|---|---|
| Sina schnappt Hans den Ball weg. | ☒ Dativ (G)<br>☐ Genitiv (W) |
| Mia isst Svens Gummibärchen auf. | ☐ Dativ (T)<br>☒ Genitiv (R) |
| Toms Lieblingspferd hat eine schwarze, kuschelige Mähne. | ☐ Dativ (S)<br>☒ Genitiv (A) |
| Den Gästen gefallen die bunten Luftschlangen. | ☒ Dativ (M)<br>☐ Genitiv (A) |
| Mama gibt Papa einen Kuss. | ☒ Dativ (A)<br>☐ Genitiv (E) |
| Im Zug gebe ich dem Schaffner mein Ticket. | ☒ Dativ (T)<br>☐ Genitiv (K) |
| Die Boxen der Musikanlage scheppern. | ☐ Dativ (O)<br>☒ Genitiv (I) |
| Besonders gut gefiel Till im Kino die Filmmusik. | ☒ Dativ (K)<br>☐ Genitiv (P) |
| Julians Hund stört die Nachbarn mit seinem Gebell. | ☐ Dativ (U)<br>☒ Genitiv (P) |
| Das Licht der Kerze scheint hell. | ☐ Dativ (S)<br>☒ Genitiv (O) |
| Die Mannschaft schenkte dem Gegner einen Wimpel. | ☒ Dativ (F)<br>☐ Genitiv (I) |

Die Buchstaben hinter den richtigen Fällen ergeben – in der richtigen Reihenfolge in die Lücken eingesetzt – ein Lösungswort. *(Tipp: Das bist du bald …)*

Lösungswort: G R A M M A T I K P R O F I

Aufgaben-Icon(s): © Verlag an der Ruhr





## Nomen einsetzen

**Setze die Wörter aus dem Kasten in die Lücken ein. Kreise sie anschließend in der passenden Farbe ein.**

**Achtung:** Du musst die Wörter manchmal verändern!

**1. Fall** – Nominativ – Wer oder was? blau
**2. Fall** – Genitiv – Wessen? gelb
**3. Fall** – Dativ – Wem? grün
**4. Fall** – Akkusativ – Wen oder was? orange

Ben gibt seinem Freund Max den Ball. - D
Jule vergisst immer wieder, ihre Hausaufgaben zu machen. - A
Oma sucht ihren Hausschlüssel. - A
Emil trifft sich jeden Tag mit seinen Freunden. - N
Der Trainer erklärt den Kindern das Spiel. - D
Tommis Socken liegen im Zimmer herum. - G
Simon kauft sich einen neuen Fahrradhelm. - A
Lea und Kim gehen dienstags zum Schwimmen. - N
Ich schicke den Kindern eine Einladung. - D
Die Schuppen des Fisches schillern bunt. - G
Der Maler streicht den Balken blau. - A

einen neuen Fahrradhelm • Tommis • ihren Hausschlüssel • Emil
meinen Freunden • den Balken • seinem Freund Max • Lea und Kim •
den Kindern • des Fisches • ihre Hausaufgaben

Aufgaben-Icon(s): © Verlag an der Ruhr

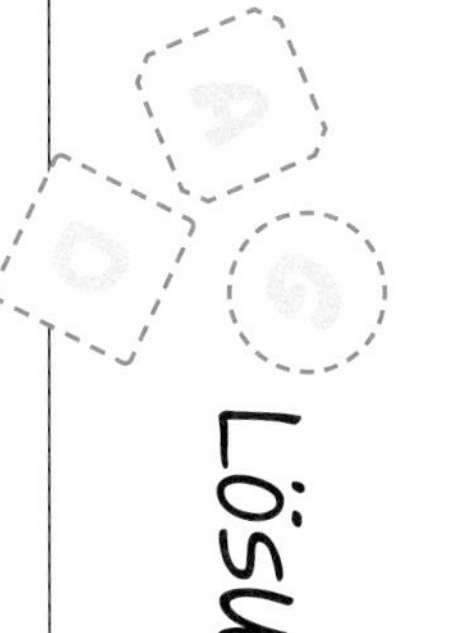

# Lösungen

## Den richtigen Fall bestimmen

**In welchem Fall stehen die unterstrichenen Nomen?**

**Beispiel:** Der Hund frisst sein Fleisch. — Akkusativ

Emma findet Susis Buch nicht mehr. — Genitiv

Im Meer leben viele Fische. — Nominativ

Der Lehrer ist heute krank. — Nominativ

Ich vertraue meinem Freund. — Dativ

Oma kauft sich ein Brot. — Akkusativ

Max und Moritz haben Hunger. — Akkusativ

Nils gibt seinem Hasen Löwenzahn. — Dativ

Das Mittagessen war sehr lecker. — Nominativ

Auf dem Tisch liegt ein Buch. — Nominativ

Bert erklärt Micha die Aufgabe. — Dativ

Tante Moni ruft jeden Tag Mama an. — Akkusativ

Pit geht am Freitag ins Kino. — Nominativ

Der Gärtner gießt die Blumen. — Akkusativ

Papa holt einen Nagel. — Akkusativ

Der Stift gehört Albert. — Dativ

Die Tasche des Lehrers ist verschwunden. — Genitiv

Maries beste Freundin zieht ins Ausland. — Genitiv





© Verlag an der Ruhr | Autorinnen: Kistner/Mihsler | ISBN 978-3-8346-2490-1 | www.verlagruhr.de

## Eine Frage stellen

**Stelle bei jedem unterstrichenen Nomen die Frage nach dem Fall. Schreibe den Fälle auf.** (Kürze ab mit dem 1. Buchstaben.)

1. **Fall** – Nominativ (N) – Wer oder was?
2. **Fall** – Genitiv (G) – Wessen?
3. **Fall** – Dativ (D) – Wem?
4. **Fall** – Akkusativ (A) – Wen oder was?

**Beispiel:** Sarah sieht den Vogel. → Wer oder was sieht den Vogel? – N

Herbert isst eine Suppe. → Wen oder was isst Herbert? – A

Peter ruft seine Oma an. → Wer oder was ruft seine Oma an? – N

Das Zeugnis des Schülers ist gut. → Wessen Zeugnis ist gut? – G

Manfred baut eine Eisenbahn. → Wen oder was baut Manfred? – A

Toni schuldet Mika Geld. → Wem schuldet Toni Geld? – D

Monas T-Shirt ist grün. → Wessen T-Shirt ist grün? – G

Susanne besucht Franziska. → Wen oder was besucht Susanne? – A

Laras Oma ist neugierig. → Wessen Oma ist neugierig? – G

Ich gebe Mark einen Euro. → Wem gebe ich einen Euro? – D

Das Spiel ist spitze. → Wer oder was ist spitze? – N

Auf dem Baum sitzen viele Vögel. → Wer oder was sitzt auf dem Baum? – N

Simon sucht verzweifelt das Telefonbuch. → Wen oder was sucht Simon verzweifelt? – A



© Verlag an der Ruhr | Autorinnen: Kistner/Mihsler | ISBN 978-3-8346-2490-1 | www.verlagruhr.de

# Lösungen

## Zwei Fragen stellen

**Stelle bei jedem unterstrichenen Nomen die Frage nach dem Fall. Schreibe die beiden Fälle in jedem Satz auf.** (Kürze ab mit dem 1. Buchstaben.)

1. **Fall** – Nominativ (N) – Wer oder was?
2. **Fall** – Genitiv (G) – Wessen?
3. **Fall** – Dativ (D) – Wem?
4. **Fall** – Akkusativ (A) – Wen oder was?

**Beispiel:** Carlos übt das Lesen. → Wer oder was übt das Lesen? - N
→ Wen oder was übt Carlos? - A

Im Kino sitzt Heidi und isst Popcorn.
Wer oder was sitzt im Kino? - N
Wen oder was isst Heidi? - A

Der Tierpfleger gibt dem Affen eine Banane.
Wer oder was gibt dem Affen eine Banane? - N
Wem gibt der Tierpfleger eine Banane? - D

Mela muss den Hund heute ausführen.
Wer oder was muss den Hund heute ausführen? - N
Wen oder was muss Mela heute ausführen? - A

Clara gibt dem Bruder ein Glas Saft.
Wer oder was gibt dem Bruder ein Glas Saft? - N
Wem gibt Clara ein Glas Saft? - D

In der Küche hilft Ferdinand seiner Mama.
Wer oder was hilft seiner Mama in der Küche? - N
Wem hilft Ferdinand in der Küche? - D




© Verlag an der Ruhr | Autorinnen: Kistner/Mihsler | ISBN 978-3-8346-2490-1 | www.verlagruhr.de

## Hast du den Überblick?

**Fülle in jede Lücke ein passendes Nomen im richtigen Fall ein. Stelle die Frage nach dem Nomen und schreibe die Antwort und den Fall (1. Buchstabe) auf.**

**Beispiel:** → Fritzi lädt ihre Freundin zu einem Eis ein. (Freundin)
Frage: Wen oder was lädt Fritzi zu einem Eis ein?
Antwort/Fall: ihre Freundin - A

→ Der Mann verliert den Autoschlüssel. (Mann)
Frage: Wer oder was verliert den Autoschlüssel?
Antwort/Fall: der Mann - N

→ Frau Schmitt erklärt den Schülern die Rechnung. (Schülern)
Frage: Wem erklärt Frau Schmitt die Rechnung?
Antwort/Fall: den Schülern - D

→ Dem Kind gehört das zerknitterte Heft. (Kind)
Frage: Wem gehört das zerknitterte Heft?
Antwort/Fall: dem Kind - D

→ Brigitte und Manfred suchen die Puppe. (Puppe)
Frage: Wen oder was suchen Brigitte und Manfred?
Antwort/Fall: die Puppe - A

→ Um 9 Uhr rast die Klasse auf den Pausenhof. (Klasse)
Frage: Wer oder was rast auf den Pausenhof?
Antwort/Fall: die Klasse - N



© Verlag an der Ruhr | Autorinnen: Kistner/Mihsler | ISBN 978-3-8346-2490-1 | www.verlagruhr.de

# Notizen